Info Verlag · Eberhard Raetz · Genfer See und die Romandie

Für Benno

Eberhard Raetz, geboren 1938 in Karlsruhe, Chemiker, viele Jahre in einem großen Schweizer Konzern tätig. Nach längeren Auslandsaufenthalten lebt und arbeitet er im Kanton Waadt am Genfer See.

Eberhard Raetz

Genfer See

und die Romandie

Eine Reise durch die Westschweiz

Info Verlag

Herausgegeben von
Thomas Lindemann

Gestaltung:
Otto Allgöwer

Redaktionelle Mitarbeit:
Rebecca Barth, Kurt Fay,
Constanze Jung, Wolfgang Jung

Satz und Repros:
Flash & Go
Madeleine Morvan
CH - 1800 Vevey

Druck:
Druckerei Schmitt
D - 76829 Landau

Bibliografische Information Der Deutschen Bibliothek
Die Deutsche Bibliothek verzeichnet diese Publikation in der
Deutschen Nationalbibliografie; detaillierte bibliografische Daten
sind im Internet über http://dnb.ddb.de abrufbar

Käppelestraße 10 · D-76131 Karlsruhe
Telefon (0721) 61 78 88 · Fax 62 12 38
www.infoverlag.de

ISBN 3-88190-306-2

"... ein junger Wind flattert
wie frische Wäsche in unsere Träume ..."

Jacques Chessex,
Portrait des Vaudois

Nehmen Sie diese Stimmung
doch mit auf Ihre Reise.

Inhalt

1

Nun, bei der Anfahrt könnte uns so einiges durch den Kopf gehen.

Über das Reisen überhaupt. Und: Warum gerade hierher kommen? In die Schweiz! Zum Genfer See! Woher in letzter Zeit nicht nur positive Botschaften kamen: Der Sinkflug der Swissair, das verflixte Bankgeheimnis, Schießereien im Parlament eines Kantons, der zufällig auch der Champion der Steuerablässe ist ... und da hörte man so manche Kommentare mit einer Spitze Schadenfreude: "Also ist es dort auch nicht mehr so wie's mal war!?"

Ich spreche es lieber gleich aus:

Sie sollten trotzdem in die Schweiz kommen. Oder eben erst recht! Und am besten gleich hier her an den See! Im hohen Bogen wie auf dem Bild gegenüber.

Warum?

Nicht nur weil die Züge immer noch etwas pünktlicher fahren als anderswo und die freundlichen Schaffner in drei Sprachen Bescheid wissen. Schon Nabokov, der große Schriftsteller, sagte augenzwinkernd, dass er auch deshalb hier wohne, weil die Post besser funktioniere. Jetzt können Sie noch zusätzlich miterleben, wie dieses brave Ländchen beginnt aufzuwachen und sich die Frage stellt, wie lange es noch Sinn macht, den Fels in der europäischen Brandung zu spielen wie das Dorf von Asterix gegen die römischen Legionen. Und sich die Mär von der eigentlich längst überfällig gewordenen Neutralität einzureden! Doch, fast ein Wunder; jetzt sind die stolzen

Eidgenossen sogar der UNO beigetreten (und profitieren nicht nur von deren Büros in Genf). Wenngleich der kürzlich getroffene positive Volksentscheid gerade noch so "au bout des lèvres" ausgefallen ist. Das könnte man frei übersetzen: "Gerade noch vom Rand der Lippen gefallen".

So prickelt es zur Zeit bei den Helvetern. Man stellt einiges Althergebrachte in Frage. Doch gleichzeitig ist die Schweiz immer noch solide, und am geschützten Ufer des Genfer Sees – der Schweizer Riviera – wachsen schon die ersten Palmen.

Aber lassen wir das "Jetzt und Heute" erstmal außer Acht und vertrauen uns einem glaubwürdigen Cicerone an, nämlich Michel de Montaigne, der im 16. Jahrhundert auf seiner monatelangen Badereise durch Frankreich, Deutschland bis nach Italien auch in die Schweiz kam. Erstaunlich schon die Zeit, die er sich dazu nahm, und wenn ich Ihnen einen Rat zu geben hätte, dann wäre es der von Robert Walser: "Ich bin überzeugt, dass wir viel zu wenig langsam sind."

Aber zurück zu Seigneur de Montaigne, der schrieb, "dass der Ort hier angenehm sei, die Wohnungen bequem und gut abgeteilt". Dagegen aber: "Die Preise, die man den Fremden macht, sind nicht gerade bescheiden", um dann gleich einzugestehen: "Wie übrigens überall und zumal bei uns selbst." Über die angeblich so teure Schweiz werden wir noch zu reden haben. Nicht ganz einverstanden bin ich auch mit seinem Kommentar: "Aber außerdem fügen sie, entgegen ihrer sonstigen Gewohnheit, verschiedene betrügerische Posten hinzu." Die Leute übers Ohr zu hauen, das ist heute nicht die Regel. Ist etwas teuer hier, dann auf ehrliche und ausgezeichnete Art.

Er bemerkt weiter: “In ihren Städten besteht ein Sicherheitsdienst …”; also war man auch damals schon um das Wohlsein der Gäste besorgt. Und in der Tat, man kommt sich hier auf der Straße schon beschützter vor als in Neapel oder Rio. Dann: “Die Frauen waschen die Tröge sehr viel sorgfältiger als es in französischen Gasthäusern geschieht. In den Schweizer Gasthöfen hat jedes Zimmermädchen seine recht bestimmte Tätigkeit.”

Dann macht er eine den Finger in die Wunde legende Bemerkung, die mich mit bewog zu versuchen, diese Zeilen zu schreiben: “Es ist ein Unglück, dass man bei aller Mühe, die man sich gibt, es für einen Fremden unmöglich ist, von den Eingeborenen die bemerkenswerten Angaben über den Ort zu erhalten, wo man sich aufhält. Und wenn man sie fragt, sie haben keine rechte Antwort.”

Nun, ich habe wahrscheinlich auch keine auf jede Ihrer gewünschten Auskünfte. Und das Folgende ist kein “Guide Michelin” oder gar Hotel- und Restaurantführer der Gegend um den Genfer See. Ich reihe nur Bilder und Gedanken aneinander; mein Kopf ist ein Kaleidoskop, in dem sich Splitter von Erfahrungen, Formen und Farben aus diesem Land zu Sätzen zusammenfinden. Alle Angaben sind garantiert persönlich, unvollständig und vielleicht gerade deshalb nützlich.

Von dieser Annahme gehe ich sowieso aus: Sie sind ein interessierter und neugieriger Zeitgenosse, der sich nicht damit zufrieden gibt, tagelang ausschließlich auf Uferpromenaden hin und her zu spazieren (das einmal zu tun, dagegen ist auch gar nichts einzuwenden, denn hier sind sie hübsch gerichtet). Sie scheuen sich nicht, sich auf Umwege zu begeben und selbst in Sackgassen zu geraten, weil vielleicht gerade dort unverhofft etwas vom Geist der Gegend, diesem berühmten "genius loci", zu verspüren ist.

So ist dieses Buch bestenfalls eine Orientierungshilfe für Ihre eigenen Eskapaden. Auch erlaube ich mir noch einen Moment allgemein zu bleiben und mir nur zum Einstimmen ein paar Gedanken übers Reisen zu machen und die damit verbundenen Freuden, aber auch Ärgernisse! Dazu habe ich einfach bei Montaigne weiter gelesen, der sich fragte, was denn den Menschen dazu bringe, den häuslichen Herd zu verlassen und fremde Gefilde aufzusuchen. Und er kommt da zum auch heute noch gültigen Schluss, dass dahinter "diese unersättliche Sucht nach neuen und unbekannten Dingen" stehen müsse und "dass ich mich so gerne meiner häuslichen Geschäfte entledige" (und eben nicht "erledige"). Im Resümee: "Es ist wohl einer der recht gewöhnlichen Züge des menschlichen Wesens, dass wir mehr Gefallen finden an fremden Dingen als an unseren eigenen und dass wir den Wechsel und die Veränderung lieben."

Und er weiß, dass auch die Mühen und Ärgernisse, denen der Reisende trotzen muss, uns nicht davon abhalten können. Waren es bei ihm noch unwillkommene "Bewohner" seines Bettes, so sind diese inzwischen oft durch viel subtiler peinigende Belästigungen ersetzt worden wie dem Höllenlärm aus der Discothek im Keller oder von gegenüber; ein nicht wegzubringender Gestank von altem Frittierfett, der durch den Lüftungskanal hochzieht; das nicht abzuwürgende Gekeuche einer defekten Klimaanlage oder das Weitertröpfeln ins Reservoir vom WC.

Und er stimmt uns deshalb ein, sich mit geradezu fatalistischem Langmut für diesen unausweichlichen, ja beinah schicksalhaft eintretenden Fall zu wappnen: "Aber auf den Reisen werdet Ihr unausweichlich einmal in einer elenden Hütte stecken bleiben, wo es Euch an allem fehlen wird." Nur besteht die wohl berechtigte Hoffnung, dass Ihnen das doch seltener in der Schweiz als in vielen anderen Orten widerfährt.

Aber wie auch immer. Wie schön ist es trotzdem zu verreisen. Selbst wenn man drei Stunden im Stau vor oder hinter dem Gotthard auf dem Weg nach Italien stehen sollte! Selten fällt es übrigens jemand ein, den etwas längeren über den Genfer See führenden und im Allgemeinen reibungslosen Weg durch den St-Bernhard-Tunnel zu nehmen. Aber warum halten Sie eigentlich nicht vorher an und bleiben gleich ganz hier?

Offenbar muss für manche in den Ferien im Stau zu stehen sogar schön sein und so kommen wir wie unser alter Reiseberichterstatter zum versöhnlichen Schluss:

"Wer auf Reisen ist, dem geht es wie denjenigen, die, während sie noch in der Lektüre eines Buchs vertieft sind, schon befürchten, es werde zu früh enden."

Und so hoffe ich denn, dass auch diese Lektüre Ihrer Reise zugute komme und hilfreich sein möge, so dass sie voll schöner Erinnerung bleiben wird.

Und beenden wir diesen Abschnitt nicht mit dem traurigen Lied der Schweizer Garden (das Céline in seinem Roman "Reise ans Ende der Nacht" zitiert):

"Unser Leben gleicht der Reise
eines Wandrers durch die Nacht ... ",

sondern mit Jean Pauls erwartungsvoller Nachricht, dass "... nur Reisen das Leben ist, wie auch das Leben eine lange Reise ... "

... und hier am See wird es sicher eine besonders interessante werden.

ber kommen wir nun zu etwas Präzisem: "Wie t man am besten hier her?"

Die Antwort: Kinderleicht! Sie nehmen den Genfer See ins Visier und dort erstmal die "Waadtländer Riviera"; das heißt die Region von Lausanne und Montreux am östlichen Ende vom See. Das soll aber nur das Basislager sein, von dem aus wir auf Abenteuer gehen – und das grossomodo im ganzen französisch sprechenden Teil der Schweiz – der Romandie.

Also gegen Süden fahren; bei Basel, Schaffhausen, Konstanz oder Bregenz über die Grenz'; dann laufen alle Autobahnen schon vor Bern zusammen. Von da aus haben Sie die Wahl: am Ende der Umfahrung entweder über Fribourg nach Vevey oder auch gegen Yverdon in Richtung Lausanne. Das Schöne ist, dass das gar keine Rolle spielt und Sie sich nicht mal aufzuregen brauchen, sollten Sie sich verfahren. Wenig Verkehr ist im Allgemeinen auf beiden; ich erwähnte ja schon, dass insbesondere die deutschen Autofahrer freundlicherweise nur die Gotthardroute verstopfen.

Vielleicht kommt jetzt die schwierigere Frage: "Wie nähert man sich am besten einem schönen Ort?"

Natürlich, wenn Sie den hier eher selten aufgestellten Radarfallen entgangen sind, beim Zoll durch den Kauf der Autobahn-Vignette (40 Franken) nicht aufgehalten wurden und in Deutschland in Ausübung Ihrer unantastbaren Freiheit mit 160 km/h gefahren sind, könnten Sie es von Frankfurt oder München in unter fünf Stunden schaffen.

Ganz schüchtern und scheu könnte man Ihnen aber auch vorschlagen, dass Sie sich mit dem Ankommen hier ruhig ein wenig Zeit lassen sollten. Wenn Sie keine Lust haben, sich auf dem Weg das schöne Breisgauer Freiburg anzusehn, schon als Vorgeschmack auf das Schweizer Fribourg, oder Sankt Gallen mit seiner Stiftsbibliothek, die Basler Tinguely- und Beyeler Museen oder die fantastischen in Winterthur zu besuchen (die FAZ bezeichnete Letztere sinngemäß einmal als die geheime "deutsche" Museumsstadt), dann lassen Sie sich wenigstens dazu bewegen, die Autobahn irgendwo nach Fribourg oder Payerne zu verlassen und den Rest vom Weg ohne genaues Ziel übers Land zu trödeln. Den See können Sie sowieso nicht verfehlen. Eine Straßenkarte, zugegeben, ist doch nützlich.

Gondeln Sie zum Einüben der Geruhsamkeit ein bisschen durchs grüne Hinterland, mit seinen üppigen Wiesen, Feldern, Kühen und den gemütlichen Dörfern und Städtchen, von denen wir später noch reden wollen.

Ich weiß: Es ist für den rechten Autofahrer ein geradezu existentielles Problem, eine verkehrsarme, zum schnellen Fortkommen auffordernde Autobahn für eine zum Verweilen einladende Seitenstraße zu verlassen und widerspricht auch jeder zeitgerechten Logik des so schnell wie möglich "Am-Ziel-Sein-Müssens". Oder sagen wir's einfacher: Pfeifen Sie mal auf die Kilometerfresserei! Als erfahrenem Kartenleser wird es Ihnen nicht schwer fallen, sich gemütlich bis zum Dorf Chexbres zwischen Moudon und dem See durchzuschlagen. Von dort aus kippt dann die Landstraße entweder über die sehr pittoreske "Corniche"-Strecke gegen Lausanne oder genauso großartig gegen Vevey ab an den See.

Aber zum Schock der ersten Begegnung kommen wir im nächsten Kapitel.

2

Beim ersten Blick auf den See bleibt so manchen der Mund offen vor Staunen

und man behauptet, dass sie im Zug gleich den Rückfahrschein aus dem Fenster werfen. Auch heute noch, obwohl sicher zum hundertsten Male, ist es ein Erlebnis für mich, besser gesagt, eine rechte Explosion für die Netzhaut. Es blitzt durch bis ins Hirn. Diese erste Begegnung mit dem ausgebreiteten See: "Majestätisch!". Ich mag dieses Wort eigentlich nicht, aber hierher scheint es zu passen. Es ist einfach atemberaubend; "breathtaking", schrie meine amerikanische Kollegin begeistert auf, als sie ihn zum ersten Male sah. Aber auch Saint-Preux, Rousseaus Held aus der "Nouvelle Héloise", empfand Begeisterung, ja geradezu Ekstase, als er von den Jurabergen kommend den See erblickte.

Jetzt könnte man fast bedauern, dass wir diesen Augenblick nicht im Zug von Bern nach Lausanne erleben. Denn hier folgt die Regie einem geradezu genial ausgedachten Szenario. Sie kommen aus dem Hinterland gegen Puidoux durch diese angenehm grüne Landschaft, die uns fast gleichgültig gemacht hat, und da sind einige eher einfache und banale Bilder ... War da nicht ein Betrieb mit abgestellten Baumaschinen und dieses Bahnhöfchen, das ungefähr überall stehen könnte ... und dann, zu allem Unglück, fährt man noch in einen Tunnel, was uns fast ganz einschläfert und die Augen kurz schließen lässt. Aber nur, damit das dahinter beinah irrealistische Bühnenbild voller

Licht und Farben uns umso mehr überwältigt. Ich habe einmal eine Hand voll Japaner mit ihren Nikons und ihren Minoltas schon im Halbdunkeln an die Fenster vom Zug beordert, und das Geschreie und Geknipse nach der Ausfahrt war dem Anblick angemessen unbeschreiblich.

Nun gefällt es den "romands", sich über ihre deutschschweizer Landsleute zu mokieren, die (wie manche jungen Mädchen für das hier übliche "Haushaltsjahr") an den See kommen und angeblich beim Anblick vom grandios ausgebreiteten See gleich kurzentschlossen das Rückfahrbillet aus dem Zug werfen. Übrigens nennen deshalb die misstrauisch gewordenen Eingeborenen das Gewann dort den "Rebberg der verlorenen Retourtickets". Diese Geschichte ist zumindest gut erfunden. Ich bin dort spazieren gegangen und habe keine Fahrscheine gefunden.

Ich möchte Sie hier nicht mit "trockenen" Fakten vom See langweilen; also hier nur so nebenbei das Wichtigste: Der Genfer See ist der mächtigste Binnensee Europas, gehört zu etwas über 60 Prozent der Schweiz und der Rest, der größte Teil des Südufers, den Franzosen. Vom Schweizer Anteil wiederum nur ein verschwindender den Genfern, was der Grund ist, dass die Waadtländer (die Hauptanrainer) gar nicht gerne hören, wenn man vom "Genfer See" redet. Deshalb, sollten Sie etwas Französisch können (oder auch nicht), dann sagen Sie in Lausanne, Vevey und Montreux lieber "Lac Léman" oder kurz "le Lac". Das bringt Ihnen dort augenblicklich Sympathien ein.

Der See ist eine riesige Wanne, mehr als 300 Meter tief, und der Grund liegt auf Meereshöhe.

Er ist nicht immer so brav und einladend wie es uns an einem schönen Sommertag beim ersten Ansehen erscheinen mag. Es können die peitschenden Winde einfallen vom Montblanc herunter oder auch der ruppige Föhn aus dem Wallis und dann drehen die Warnlichter an den Ufern wild durch und Ruderer tun gut daran, schnell den sicheren Hafen zu suchen.

Der See hat hundert Gesichter.

War er gestern noch hellblau wie der wässrige Himmel im Frühjahr; heute könnte er türkis gefärbt sein, wenn der bissige klare Nordwind (die "bise") die Oberfläche kalt aufrauht. Und wenn am Morgen vom Westen her schwere Regenwolken von Savoyen oder über die Juraberge einfallen, dann verstecken sich die dunklen Berge auf der französischen Seite hinter einem bleichen Leintuch und die Schaumköpfe beginnen auf schiefergrauen Wellen zu tanzen. Dann möchte man meinen, am Ufer eines weiten Meeres zu stehen.

Oder war es bei jenem Sonnenauf- oder Untergang, als sich alle Farben von Turners und Caspar David Friedrichs Himmeln auf und über ihm spiegelten. Und im Winter liegt oft die blasse Stille von Nebel und Dunst wie tot auf dem Wasser.

An seiner Oberfläche vermischen sich tausend aus der Tiefe aufgewühlte Strömungen mit den unzähligen Fantasien des Winds und nimmt man noch die Spiegelungen von Himmel und Erde dazu, dann ist es, als hätte ein nimmermüder Zeichner immer neue Linien und Farben auf ihn gestrichelt. Aber am Ende eines heißen Sommertags, gerade noch vom über Genf aufziehenden Gewitter verschont, kann er daliegen wie geschmolzenes Blei. Bis dann schließlich die ersten Kartätschen des Winds seine glatte Haut aufreißen.

Eigentlich ist mir die uralte griechische, obwohl offenbar längst überholte Einteilung dieser Welt in die vier Elemente Wasser, Feuer, Luft und Erde immer noch die glaubwürdigste. Und es lässt mich ziemlich kalt, wenn heute die Physiker versuchen (wie auch hier in der Nähe von Genf im CERN, dem europäischen Kernforschungszentrum), irgendeinem ephemeren Teilchen nachzujagen, das ein Hunderttausendstel der Masse eines Elektrons (aber vielleicht auch gar keine?) hat, mit vielleicht einer Lebenszeit von einer Millionstelsekunde. Was wäre das schon für ein Leben?! Mir sind die Myriaden Wassertropfen im Regenbogen, der mit Hilfe des Feuers der Sonne durch die Luft über den See bis auf die Erde ausgespannt ist, Erklärung gut genug für diesen Ort.

Wasser, Feuer, Luft und Erde; aus diesen vier uralten Elementen zieht und destilliert die Traube an den steilen Rebhängen des Dézaley ihren Wein. Und die Sonne ist nicht nur am Himmel, sondern spiegelt sich auch hoch vom See. Der Dichter Ramuz meinte schon:

"Wenn man sie fragte: Wo kommt eure Sonne her, dann drehten sich die Trauben gegen den See. Denn es gibt hier zwei Sonnen und die wahre steigt vom Wasser auf."

"Und die Jahreszeiten, die anderswo aus dem Himmel fallen, hier steigen sie auf aus dem Wasser."

Für das, was ich jetzt sagen will, ist es recht schwer, den guten Gedanken und die passenden Worte zu finden. Ich würde Ihnen nämlich gerne erklären, warum diese Gegend hier am See so außergewöhnlich ist. Natürlich könnte man da jetzt Statistiken sowie Schilderungen und

Lobpreisungen berühmter Leute bemühen, die es hierher verschlagen hat und die darüber berichtet haben. Doch da hätte ich mich nur billig aus der Affäre gezogen.

Also versuch' ich es doch selbst! Ich meine, dass eine fast mystische Verklärung eines Ortes sich dort einfindet, wo Magnetwellen verschiedenster Einflüsse sich treffen, gegenseitig aufschaukeln und Funken schlagen. Es gibt nicht viele Orte, wo ich das fast körperlich spürte – diese Summe einzeln gar nicht recht fassbarer Erregungen und Essenzen.

Beispiele: Malta, gleichzeitig mediterran leicht und karg, Mädchen mit schwarzen sizilianischen Haaren, dazu etwas "british" Prüdes und auch katholisch Verbrämtes, schließlich der trockene, über Lybiens Wüsten hergetragene Wind und die typischen Würfelhäuser wie aus Tunis. Oder Wien mit seiner eher böhmisch-ungarischen Verankerung, vermischt mit dem venetianischen Sinn fürs Absurde und auch einem guten Schuss nördlich romantischer Wehmut.

Und hier; hier am See ist man auch an einen Schnittpunkt oder den geometrischen Ort von vielen sich treffenden Einflüssen geraten.

In der Nähe gibt's einen Teich, der heißt stellvertretend "die Mitte der Welt", weil ein Ausfluss gegen den Norden zum Rhein führt und weiter in die kalten eisigen Meere, und einen zweiten, der gegen den "Léman" südwärts zieht und weiter über die Rhone bis ins sonnige Mittelmeer und weiter zu Kanaren und Cabo Verde. Und ganz in der Nähe dämmern die zerfallenden Mauern eines nie fertiggebauten Kanals, der auch einmal Rhein und Rhone verbinden sollte. Vielleicht beobachten Sie frühmorgens die Zugvögel, die Nord und Süd mit ihren Flügelschlägen verbinden und sich mitten auf dem Weg vor Montreux ausruhen.

Auch hat man fast alles, was die Natur uns bieten kann: See, Fels und Weinberg; Felder, Schnee und Wald. Natürlich keine Eisberge, aber die kalten Gletscher; keine Sandwüste, doch zumindest die kargen Schotterhalden der Moränen.

Und all die Menschen, die hier zusammengekommen sind: Die festen Walser, gewiefte Savoyarden und aus Lyon geschäftige Hugenotten, calvinistische Genfer und vom Norden die soliden Berner, die man nie ganz loswerden konnte (und vielleicht auch nicht wollte). Die Menschen hier haben von allen etwas behalten. Aber glauben Sie ja nicht, dass sie Ihnen das gleich zu verstehen geben werden.

Dafür müssen Sie schon selbst etwas tun und sich umschauen.

1674

AU GRAND FREDERIC
II
LE CERNIL

AU ROUGE COQ

3

Über die Mühe, ein den Wünschen und Mitteln entsprechendes Lager

zu finden. Und manchmal denke ich, dass enttäuschte Feriengäste sich folgende Frage nicht gestellt und schon gar nicht beantwortet haben: "Wie und wo möchte ich in den Ferien hausen, was dabei erleben und wieviel will und kann ich dafür ausgeben?"

Und die Antwort darauf kann ja schwierig sein. Die ganze Bandbreite möglicher Entscheidungen wäre an zwei wahllos herausgegriffenen Beispielen zu erläutern:

Da wäre der durchaus verständliche Erfolg von Kreuzfahrten. Da räkelt man sich auf einem weißen Traumschiff überm himmelblauen Wasser in ewiger Sonne auf überschaubarem Platz und ist gut mit Crevetten und Cuba Libre versorgt. Man kann sich kaum verlaufen und bei eingestreuten Landgängen kriegt man etwas Lokales mit, wobei sogar genügend Zeit bleibt, noch eine Karte an die neidische Verwandtschaft zu schreiben. Das einmal Gefährliche und Unberechenbare einer Bootsreise, als man Mühe hatte mit dem Segelsetzen und die Längengrade zu bestimmen, ist zwar zu einer Holidaycruise amputiert, aber man kann sich immer noch einreden auf großer Fahrt zu sein und auf den Spuren verwegener Abenteurer.

Dagegen traf ich bei einer anstrengenden Trekkingtour im Atlasgebiet einen sicher nicht mittellosen Industriellen, der nur unterm freien Himmel schlafen wollte, eine dünne Matte unter sich, aber tausend Augenblicke

Stille und hundert Millionen Sterne darüber. Nur widerwillig erklärte er sich am Ende des zehntägigen Marsches bereit, im Clubhotel von Ouarzazate einen Tag auszuspannen. “An der Piscine hocken und Cocktails schlürfen ist nicht mein Fall, das ist etwas für Freizeitlangweiler.”

Daraus mag man schließen, dass das Angebot an Ferienvergnügen, aber damit auch “die Qual der Wahl” größer geworden ist. Die Zeiten, als alle zufrieden in die simple “Sommerfrische” fuhren, sind wohl endgültig vorbei.

So sollten wir uns also zuerst unsere Gedanken machen, was wir eigentlich suchen, erwarten und dafür ausgeben wollen.

Nun hat die helvetische Hotellerie im Allgemeinen und die der Gegend hier im Besonderen eine große Tradition, ein entsprechend breites Angebot und auch ein gutes Niveau. Und nebenbei ist wohl (fast) alles vorhanden, was Ihre kulturellen, kulinarischen und sonstigen abenteuerlichen Wünsche erfüllen kann.

Da ich aber nichts unkritisch schönreden will, muss man wohl erwähnen, dass manche Hotels schon um die Jahrhundertwende gebaut wurden, aber persönlich mag ich einen Schuss Nostalgie lieber als die amerikanisch-aseptischen “Businessmen-Bunker” vielerorts. Auch die Freundlichkeit, das Eingehen auf die Wünsche des Gastes hatte da und dort wohl etwas gelitten. Da ist auch die Mühe mit dem oft fehlenden bodenständigen Personal, das eben auch zum Inventar eines Landes zählt. Aber viele Wirte der Gegend haben die Lehre gezogen, dass die gebratenen Tauben nicht in ihre Herberge fliegen. Und als eifriger Reisender kann ich feststellen, dass meine Behandlung anderswo auch nicht immer besser war.

Doch wir sind ja immer noch auf Suche nach einer Unterkunft. Wo? Im Zelt? In der Berghütte? Eine "Einkehrwoche" im Kloster? "Bed and Breakfast"? Ferien auf dem Bauernhof? In der "Jugend"herberge, die auch ältere Semester aufnimmt? Die Familienpension? Das Traditionshotel mit einem "touch" von Lokalkolorit? Das Spa-, Kur- oder Wellness-Hotel bis zur Klinik mit Frischzellenkur? Das Grandhotel?

Das ist alles vorhanden! Nicht aufgenommen habe ich diese hässlichen Wohnwagen und Campingcars, deren Anblick allein mich beleidigt. Auch nicht erwähnt wurde eine der subtilsten Variationen des nächtlichen Reiseaufenthalts, nämlich der im Schlafwagen. Natürlich nicht Couchette, sondern in der abgeschlossenen Kabine. Das Hotel auf Rädern. Ich weiß, es schüttelt manchmal entsetzlich, und einmal bin ich in Spanien am Rauch aus einer uralten Kohleheizung fast erstickt. Wenn man nach einem Schlummerbecher dann doch eingeschlafen ist, wacht man wieder irgendwann und irgendwo auf, weil es ganz still geworden ist. Der Zug hat angehalten. Mitten in der Nacht. Vielleicht hat man uns auf ein Nebengleis abgeschoben und wird uns für immer dort stehen lassen? Ich ziehe die Jalousie hoch und spähe in die gespenstische, nur von ein paar schummrigen Lichtern angeleuchtete Nacht. Vielleicht bin ich ja in Odense, Olten oder gar Orense "gelandet"? Dann kommen ein paar Umrisse von Häusern aus ihrem Dunkel heraus, sie erscheinen mir traurig und fremd und doch, fast unverständlich, fühle ich mich den Menschen drin sehr nah.

Jetzt habe ich Sie wirklich auf mein sentimentales Abstellgleis geführt. Und leider kann man nichtmal bis ganz an den See im Schlafwagen fahren.

BEAU RIVAGE

Ich sagte es schon: Ich will Ihnen keinen kompletten Hotelführer anbieten. Ich mache Ihnen aber ein paar Vorschläge, wohl wissend, dass diese subjektiv und unvollständig sind. Sie werden sich Ihr Hotel selber suchen müssen. Aber ein paar Vorlieben habe ich.

Da wäre etwa das "Grandhotel". Eigentlich braucht man nicht gleich beim simplen Aussprechen des Namens Schwellenangst davor zu haben. Ich mag ihn auch nicht, denn er hat schon etwas fast arrogant Unsoziales an sich. Dabei ist es doch ganz einfach. Man trägt Ihnen beim Ankommen das Gepäck aufs Zimmer, in den Fluren hängen alte Gemälde und Stuckgebilde an den Decken, die Schritte verstummen unter dicken Teppichen. Sie können erwarten (oder hätten im Voraus verlangen können), dass man dort die Wolldecke auf Ihrem Bett gegen eine aus Daunenfedern auswechselt. Sie haben ein wirklich geräumiges Badezimmer (das tatsächlich diesen Namen verdient; keine zur Not eingezwängte "Nasszelle"!) mit einem vergrößernden Schminkspiegel und dem tadellos funktionierenden frei beweglichen Föhn. Sie genießen den ungestörten Ausblick auf den Park oder den See. Der Nachmittagstee wird Ihnen auf der Terrasse serviert und nachher bleibt noch Zeit für das hauseigene Fitness-Studio oder den Coiffeur. Aber man findet vielleicht auch den kleinen Hinweis, dass es für die Herren ab 18 Uhr angeraten sei, im Speisesaal Jacket und Krawatte zu tragen. Wenn Sie dazu nicht bereit sind oder sich aufregen, dass in solcher Atmosphäre das Kännchen Tee mehr als fünf Franken kostet, dann sollten Sie diesem Ort tunlichst fernbleiben. Übrigens hat sich die "Kleiderordnung" eher gelockert und wird von vielen Etablissements meist sehr leger interpretiert.

HOTEL
Restaurant
P
Bar
à raclettes
et
spécialités
au
fromage

Natürlich, dafür bezahlt man. Aber das braucht heutzutage überhaupt nicht mehr so unverschämt viel teurer zu sein. Selbst hier gibt es oftmals Sonderangebote in der Nebensaison oder für ein langes Wochenende. Nun ja, ich persönlich ziehe das einer ganzen Woche im Familienhotel vor; aber bitte verstehen Sie mich nicht falsch. Ich habe den größten Respekt vor den Argumenten des Nachbarn, der mit seinen drei kleinen Kindern das andere oder die Ferien auf dem Bauernhof vorzieht.

Als Regel könnte gelten, dass sich das nur rentiert, wenn Ihnen von diesem Aufenthalt eine lange haftende Erinnerung übrigbleibt. Und nach einem Jahr wird sich Ihr Kontostand auch wieder erholt haben. Aber Sie mögen sich ein Lebtag an die fantastischen Labyrinthe der Räume des "Beau Rivage" in Lausanne erinnern und den morgendlich ungestörten Ausblick aus dem "Mirador" über Vevey auf den See.

Die Genfer großen Hotelpaläste kenne ich nicht; aber man trifft dort, habe ich mir sagen lassen, offenbar meist Bänker, Geschäftemacher aller Rassen und die Repräsentanten irgendwelcher Institutionen auf Spesenrechnung.

Das "Victoria" und das "Righi" in Glion über Montreux, wo der Luxus schweizerisch dezent gepflegt wird, gehören nicht nur wegen ihrer Lage überm See zu meinen Favoriten. Ersteres wegen einer unvergleichlichen Aura der "Guten Alten Zeit"; das Zweite spült die Reminiszenzen der "Belle Epoque" hoch, obwohl die Räume meist neu gerichtet sind.

Haben Sie die Mittel und meinen Sie, dass Sie ein Lifting (im chirurgischen, aber auch im übertragenen Sinne) benötigen, dann kann hier Abhilfe geschaffen werden, z.B. in der Niehans'schen Frischzellenklinik "La Prairie" in

Montreux oder auch im "Biotonus"-Etablissement "for Wellness, Health and Beauty", ganz in der Nähe. In Ersterem hätten Sie nach Prospekt Winston Churchill, Papst Pius XII. oder Marlene Dietrich antreffen können, im Zweiten, zeitgemäßer, Filmstars wie z. B. Isabelle Adjani.

Da ist, preiswerter, doch ausgezeichnet für die Bewahrung guter Gasttradition, das Hotel "Masson" in Montreux-Territet. Wenn Sie es betreten, dann würden Sie sich auch nicht wundern, wenn Ihnen ein englischer Oberst der Kolonien oder eine Dame in steifem Jahrhundertwende-Kleid mit Krinoline entgegenträte.

Das einfache Hotel "Sonloup" ist weit über Montreux und Les Avants gelegen, aber ein einzigartiger Aussichtspunkt und besonders empfehlenswert während der Narzissenblüte normalerweise gegen Ende Mai. Ähnliches zu berichten wäre vom "Les Sapins" bei Vevey auf dem Pléiades-Berg. Dies und das "Sonloup" sind übrigens für Leute, die sich Zeit lassen, auch mit Kleinbahnen zu erreichen. Etwas abenteuerlich, aber welch grandiose Annäherung!

Auch bieten sich als günstige Alternativen die Ferienwohnungen bzw. die Ferien auf dem Bauernhof an. Zu meiner Verwunderung behauptet ein französischer Vetter, der mit seiner vielköpfigen Familie durchaus aufs Geld schaut, dass Schweizer Ferienwohnungen – verglichen mit Frankreich – durchaus preiswert seien, insbesondere wenn man deren Qualität, Sauberkeit und Vollständigkeit des Inventars in Rechnung stelle. So finde man eben hier sogar das vollständige Fonduegeschirr und von den Gläsern ist selten eines angebrochen und der Tellerrand ist nicht abgesplittert.

Die Ferien auf dem Bauernhof sowie "bed and breakfast" sind auch hier inzwischen gut eingeführt.

Nicht nur für jüngere Semester geeignet sind viele gut geführte, wenn auch einfach eingerichtete "Jugend"herbergen und so manch andere "Backpacker"-Unterkünfte. Rechtzeitig bestellt, sind da hin und wieder auch auf zwei Betten beschränkte Zimmer zu bekommen. Für ein vor Lausanne und Vevey ausgetragenes Ruderrennen wurden sogar die amerikanischen und russischen Meister-Mannschaften so untergebracht. Und bei dieser Gelegenheit lernte ich (selbst nur als Aushilfs-Busfahrer beschäftigt) ein älteres Ehepaar kennen. Deutsche, er emeritierter Hochschullehrer, die durchaus zufrieden einige Tage preiswert übernachteten und das auch begründeten. Erstens: Es täte gut, wieder einmal unter all den jungen Leuten zu sein. Zweitens: Sie machten täglich lange Ausflüge zu Fuß und da passe mondänes Beherbergen schon gar nicht ins Bild. Drittens: Sie gingen jeden Abend gut und teuer in ausgesuchten Restaurants essen. Und die Summe von Grand Hotel und Spezialitätenküche sei denn doch etwas zu happig und so sparten sie eben bei Ersterem.

Geradezu "fashionable" für gestresste CEO's und Börsenmakler (aber auch Politiker wie Herr Seehofer) ist es, sich für ein paar Tage in eine kahle Klause einer Kartause zurückzuziehen, um dort Ruhe und Selbstbesinnung zu suchen.

So kann eigentlich jeder hier das Passende finden, wenn er weiß, was er will. Warum sollte das junge Pärchen nicht in einem "Palace" honeymoonen (anstatt das Geld für sinnlos große Feierlichkeiten für Onkels und Cousinen vierten Grades auszugeben), und ich fände, dass es für ihr erstes Kind ein ganz bemerkenswerter Start ins Leben wäre, z. B. im Hotel "Beau Rivage" zu Lausanne-Ouchy gezeugt zu werden!

Den Finanzboss dagegen zieht es aus seiner feudalen 200-Quadratmeter-Villa in die Berghütte unterm Sternenhimmel knapp unter Viertausendern, und nichts ist schöner für die Kinder als Ferien auf dem Bauernhof (und nebenbei bleibt auch etwas Französisch für die Schule hängen).

So – und jetzt sind Sie dran sich zu entscheiden, was Sie wollen und dafür auszugeben bereit sind.

Wer das Außergewöhnliche und deshalb nicht gerade Billige schätzt, dem möchte ich die im Werd Verlag Zürich erschienenen Bücher von Claus Schweitzer empfehlen oder auch "Gasthäuser und Historische Hotels" im Kammer und Unverzagt Verlag.

Ach ja, weil wir gerade von Preisen reden. Ich habe Ihnen mit einem kleinen Diskurs über das Teure hier "gedroht"! Denn ich höre den Aufschrei: "Ja, aber in der Schweiz ist alles so sündhaft teuer!"

Nun, ich habe mir nicht die Mühe gemacht, eine ganz genaue statistische Untersuchung vergleichbarer Kosten und Leistungen durchzuführen. Andererseits, als sowohl privat und auch geschäftlich einigermaßen bewanderter Reisender, meine ich, dass es da insgesamt viele dumme Gemeinplätze und Vorurteile gibt, was Pro und Kontra, Vor- und Nachteile verschiedener Länder für einen Gast anlangt.

Wie zum Beispiel, dass man in Skandinavien immer schlecht isst; in Spanien die Menschen dagegen alle freundlich sind und England spottbillig sei; dagegen müsse man in Kauf nehmen, dass alle Südländer einen betrügen. Und dann eben auch: "In der Schweiz ist alles sündhaft teuer!"

Vieles davon ist grober Unsinn und findet seine Erklärung eher in unserer Unkenntnis und in ungeschicktem Verhalten. Nehmen wir Schweden: Dort gibt es den besten pochierten Seelachs ("hyse") – nicht Seehecht! – und den wunderbaren "sill" (marinierten Hering) mit saurem Rahm, Zwiebeln und Schwarzbrot. Und dazu noch eines der besten Desserts der Welt (obwohl zugegebenermaßen nicht ganz billig!), die einmalig vollmundigen gelben Preiselbeeren ("hjortron") vom Polarkreis. Und wenn einer in Skandinavien schlecht gegessen hat – und diesmal wirklich zu teuer – , dann hat er wahrscheinlich dummerweise in Göteborg oder Sundsvall Coq au vin bestellt mit Wein aus dem Médoc dazu, anstatt Bier und Aquavit zum Fisch. Und dann geschieht ihm das auch recht.

In Madrid und Barcelona kann man hochnäsig wie Dreck behandelt werden, wenn man sich als arroganter Teutone aufführt. Meistens aber erlebt man genau das Gegenteil, insbesondere, wenn man sich Mühe gibt, seine paar Brocken Spanisch auszupacken und den Kellner nach den letzten Ergebnissen vom Fußball fragt. Ob man dann an einen "aficionado" von Real oder Atletico, Barça oder Español gerät, das ist reine Glücksache, aber sicher hilft alles weiter.

Das teuerste Bier meines Lebens habe ich in der Galeria Vittorio Emanuele am Mailänder Dom – und viel zu kalt und platt war's noch dazu – getrunken, dagegen ist mir in Italien noch nie etwas abhanden gekommen. England, insbesondere London, ist inzwischen sündhaft und geradewegs unverschämt teuer. Zum Schluss aus einer Reihe von Falschmeldungen, die sich fast beliebig fortsetzen ließe: Frankreich ist das Land, dessen kulinarische Spitzenklasse unbestritten ist; in dem ich aber häufig unbefriedigend gegessen habe, weil erstens dort die Auswahl von "einfachen" Gerichten (entsprechend der italienischen Pizza, Pasta und Riso) eher beschränkt ist und zweitens, noch schlimmer, viele Provinzköche versuchen – und das oft mit sehr mäßigem Erfolg – die Pariser Michelin Drei-Sterne-Restaurateure zu kopieren. Und ich lüge nicht, habe sogar Zeugen dafür, dass bei einer kürzlich durch das entlegene Frankreich ("La France Profonde") gemachten Reise auf dem Pilgerweg nach Santiago de Compostela – in zugegebenermaßen einfachen Gasthäusern und "gîtes" – mir viermal hintereinander verkochter fasriger Schweinebraten mit durchs Wasser gezogenen Gemüsen aufgestellt wurde. Nun, ich nahm das notgedrungen hin als Teil der Buße eines armen Pilgers auf einem Kreuzweg mit kulinarischer Selbstkasteiung. Nebenbei! Die Preise selbst für mittelmäßige Burgunderweine sind meist ein Skandal.

Aber kommen wir auf die Frage zurück: "Ist die Schweiz wirklich so teuer?"

Also, als Erstes fällt schon auf, dass die Portionen hier verglichen mit Deutschland mäßiger sind. Aber ich finde das eher angemessen für mich, der wohl wie die meisten Reisenden nicht gerade als Holzfäller, Radrennfahrer oder Eisengießer tätig ist und deshalb täglich massige Portionen von zehntausend Kilokalorien schlucken muss. Jedenfalls kann ich mich als normaler Esser nicht daran erinnern, oft hungrig ein Schweizer Restaurant verlassen zu haben. Eher schon, dass mich anderswo riesige Fladen von lieblos aufgeschüttetem Esszeug keineswegs begeisterten. Und in jedem Dorf und in jeder Stadt hier findet man garantiert ein kleines Lokal, das mittags ein rechtschaffenes Tagesgericht ("Menu du Jour") für ca. 15 Franken anbietet. Wenn nachgefragt, sogar mit einem Nachschlag (supplément). Abends isst man meist teurer!

Und das Übernachten? Ich habe in kleinen Hotels auf dem Land für 50 Franken die Nacht, mit Frühstück, geschlafen. Inzwischen gibt es preiswertes "Bed and Breakfast" hier sowie Jugendherbergen, die meist auch für ältere Semester geöffnet sind.

Ich habe schon erwähnt, dass die Preise für Ferienwohnungen in der Schweiz offenbar einem kritischen Vergleich standhalten. Ich will trotzdem gelten lassen, dass bei vergleichbarem Angebot Sie bis zu 20 Prozent mehr ausgeben. Andrerseits ist nach meiner Erfahrung dies durch gute Leistung oft aufgewogen.

Und schließlich sind Sie ja in den Ferien!

Hier komme ich aber zu einer "Grundsatzerklärung": Obwohl dieses Büchlein keineswegs für die Reichen und Millionäre dieser Welt gedacht ist, sage ich doch ohne Hochmut und Überheblichkeit, dass es vielleicht weniger geeignet ist für Reisende, die mit einem Budget von 50 Mark pro Tag auskommen wollen, und auch jene, die pausenlos nachrechnen und vergleichen, was dieselbe Brezel, Unterhose oder das Klopapier zuhause in Crailsheim, Chemnitz oder Castrop Rauxel gekostet hätte. Eine hier deutsche Busreisende betreuende Dame erzählte mir, dass manche meiner Landsleute im Auto selbst mitgebrachte Würstchen abkochen wollen!

Ehrlich gesagt, geschockt war ich trotzdem, als man in Bern für den Eintritt in eine, wenn auch zugegebenermaßen interessante Ausstellung 25 Franken verlangte. Das empfand ich dann doch als eine Unverschämtheit.

4

“Das ist ja unglaublich, wer schon alles hier war”, rief mein Vetter aus,

als ich ihm in einem kleinen Bistro am See davon erzählte. So auch der nebenan abgebildete Charlie Chaplin, hier mit Frau Oona und der Pianistin Clara Haskil. Und ich möchte Ihnen einige interessante Menschen vorstellen, die die Romandie – der kleinere französisch sprechende Teil der insgesamt nur sieben Millionen Einwohner zählenden Schweiz – sowohl hervorgebracht als auch angezogen hat.

Versuchen wir es mit einer groben Einteilung, um etwas Logik in die Sache zu bringen.

Da sind zuerst mal die Abenteurer und Fahrenden. Das wird ja nicht von den eher bodenständig eingeschätzten Helvetern erwartet. Aber viele sind fortgezogen oder mussten gehen, denn es war ein armes Land. Und man sollte mit dem Vorurteil aufräumen, dass die Schweizer sich in ihrer Konföderation einigeln. Es gibt wohl kaum einen Stamm (die Iren und Italiener vielleicht ausgenommen), der so viele seiner Kinder ins Ausland geschickt hat. Vor Jahren lernte ich im Tessin einen gar nicht so alten Mann kennen, der erzählte, dass noch sein Vater anfangs als Zimmermann den ganzen Sommer im Süden Frankreichs arbeitete, und Graubündner waren die Zuckerbäcker von Sankt Petersburg. Später hat man aber ausgleichend auch viele Fremde angezogen. Viel kritisiert wird die Schweiz wegen ihrer abweisenden Haltung jüdischen

Flüchtlingen gegenüber im Zweiten Weltkrieg. Es sollte aber auch erwähnt werden, dass nach dem unglücklichen Widerruf des Edikts von Nantes durch den arroganten "Sonnenkönig" – was ein Zusammenleben von Katholiken und Protestanten in Frankreich unmöglich machte – ein Exodus der Hugenotten stattfand. Und das damals (gegen 1685) 7000 Einwohner zählende Lausanne 1500 Flüchtlinge aufnahm.

Doch nennen wir jetzt jene, denen das Fernweh unter den Nägeln brannte, und lassen wir den Damen den Vortritt. Da ist die wunderbare Ella Maillart, die die Wüste Gobi und viele ferne Inseln bereist und beschrieben hat. Und die rätselhafte Isabelle Eberhardt, die, obwohl russisch-deutscher Herkunft, von Genf aus als erste Europäerin Islam und Wüste suchte, auch fand, aber armselig erstickte in einem schlammvollen Wadi im gottverlassenen algerischen Nest Ain Sefra. Der in der französischen Literatur geachtetste moderne Reiseschriftsteller ist Nicolas Bouvier, dessen Bücher zu einem Teil auch ins Deutsche übersetzt vorliegen. Dann Erhard Loretan, der Bergführer aus dem Pays d'Enhaut (dem Oberland bei Gstaad), der zwar etwas weniger mediales Aufhebens macht als Reinhold Messner, aber ebenfalls alle Achttausender im Himalaja im Alleingang bestiegen hat. Der aus Morges am See stammende "Binnenschiffer" Pierre Fehlmann hat das Rennen der Umrundung der Weltmeere im Segelboot gewonnen (Deutsche Skipper findet man übrigens nicht in dieser Siegerliste) und Bertrand Piccard schaffte die erste Umkreisung des Globus im Heißluftballon. Diese Familie ist besonders interessant. Schon der Großvater, Professor Auguste Piccard, erreichte mit einem Ballon die Höhe von 16000 Metern, dann konstruierte er auch ein besonderes

Unterseeboot, das “Bathyscaphe”, in dem später sein Sohn Jacques (und Vater des Bertrand) im Marianengraben die tiefste Stelle des Meeres erreichte. Der Großvater gab übrigens für die im französischen Sprachraum enorm populäre Zeichenserie von “Tintin” (“Tim und Struppi”) das Vorbild ab für den etwas “verrückten Professor Tournesol”.

Nicht nur nebenbei sei noch der Name von Hermann Geiger, dem von Sitten (Sion) aus startenden mutigen Gletscherflieger erwähnt, und auch Claude Nicollier, des Schweizer Astronauten, der vor nicht allzu langer Zeit das Weltraumfernrohr “Hubble” repariert hat. Er stammt aus La Tour-de-Peilz, zwischen Vevey und Montreux gelegen.

Dann die Tüftler, die Erfinder, die Industriellen. Als Bewunderer komplizierter mechanischer Uhren fällt mir da natürlich als Erstes die Rasse jurassischer Uhrmacher ein; die Bréguet, Le Coultre, Perregaud und Nardin, um nur einige zu nennen, die in den kalten Jurabergen und den langen Wintern in La Chaux-de-Fonds, Le Sentier, Le Locle, Fleurier und Le Brassus diese fantastischen kleinen Wunderwerke zum Festhalten der Zeit bastelten und deren Nachfahren es immer noch tun bis hin zu dem fantastischen Ludwig Oechslin, der alle Gesetze des Kepler, Kopernikus und Galilei in eine Armbanduhr eingesperrt hat.

Wussten Sie, dass auch der berühmte Autobauer Louis Chevrolet aus den Neuenburger Bergen stammt, und dass der Ricard und Pastis, den Sie in Nizza oder St-Tropez schlürfen, ebenfalls eine jurassische Erfindung sind; wie auch der Absinth (“die Grüne Fee”), der aus dem Wermutkraut destilliert wird – ein sagenhafter, mythischer Trank.

Offiziell selbst vom Schweizer Grundgesetz verboten (aber bei einiger Mühe trotzdem zu finden; bitte verlangen Sie keine Adresse von mir), denn zu viel davon verdreht den Kopf und macht gewalttätig. Nur so nebenbei und weil wir vom Schnaps reden: Ein Bauer, gerade über Vevey, destilliert einen Apfelschnaps (Calvados), der, wenn in normannischen Wettbewerben als echt "français" eingeschmuggelt, Erste Preise bekam. Erwähnen müssen wir die Schweizer Schokoladendynastien der Peter, Cailler, Kohler. In Vevey gab's einmal fünf Schokoladenfabriken; jetzt bleibt "nur" noch der imposante Hauptsitz der Firma Nestlé sowie eine kleine Erinnerungstafel am Haus in den Bosquets hinterm Bahnhof, in dem Daniel Peter 1845 die erste Milchschokolade herstellte. Auch Heinrich Nestle (dann "Henri Nestlé") selbst, ursprünglich Frankfurter Drogist, stellte aus Milch und Brot die erste haltbare Kindernahrung her. Doch seine technische Großleistung war der Bau effizienter Eindampfer und Trockner.

Schließlich wären noch zwei Produkte zu nennen, die an der Riviera, hier am Ufer des Sees erfunden wurden und die Sie möglicherweise tagtäglich in den Mund oder in die Hand nehmen: den Pulver-Nescafé und den Velcro-Klettverschluss.

Und die Künstler! Jean Tinguely mit seinen ebenso verrückten wie auch tieftraurigen Maschinen, J. J. Rousseau, der mir zwar nicht immer sympathisch ist, großtönend über den "contrat social" referierte, aber seine fünf Kinder – heute würde man sagen – im Sozialamt zur Verwahrung abgab. Sie können aber, wenn Sie viel Zeit haben und sollte es ausnahmsweise drei Tage hintereinander regnen, seine etwas heulsusige "Nouvelle Héloise" lesen, die hier in der Gegend spielt! Dann Madame de Stael mit ihren zum Teil auch deutschen Besuchern und Liebhabern wie Wieland und Schlegel. Farinet, der Falschmünzer aus dem Wallis, eine zugegebenerweise besondere Art von Künstlern. Auch Grock, der wohl größte Clown aller Zeiten, kam aus Reconvilier gerade von der welsch-deutschen Sprachgrenze und sprang und sprach drüber hin und her nach Belieben: "Niit mööglich ..." oder eben auch "Pas possiiible ...". Und Robert Walser, der Stille, stammt aus Biel/Bienne, kaum ein Dutzend Kilometer weg.

Ich möchte den Maler Balthus erwähnen, den ich für einen der größten Künstler der zweiten Hälfte des 20. Jahrhunderts halte, den Nachfolger von Piero della Francesca und Vermeer mit ihren Bildern der Menschen mit den rätselhaften Blicken. Er lebte in einem der schönsten Bauernhäuser der Schweiz, in Rossinière, woher auch – ganz prosaisch – ein guter "Tomme Vaudois"-Weichkäse herkommt.

Man muss wohl Nabokov nennen, der feudal im Montreux Palace wohnte, obwohl jener kaum etwas Schweizerisches hatte, außer dem Französisch, das er wie das Russische und Englische perfekt beherrschte; aber er sei genannt für alle die "Ausländer", die sich mehr oder weniger lang an der Riviera aufhielten; neben den schon erwähnten Chaplin und Haskil: Kokoschka, Schuricht, Hans Christian Andersen, Hemingway, Wilhelm Furtwängler, Hindemith, Dostojewski und Karl Zuckmayer, etc., etc. Natürlich kam auch Goethe hier mal vorbei, aber das verwundert kaum, denn der war ja bekanntlich beinah überall.

Dann möchte ich schließlich doch noch einen Genfer erwähnen, diesmal einen, den ich besonders mag. Es ist

Rodolphe Toepffer, der Miterfinder des Bildromans, dessen Schilderungen der Ausflüge um See und Berge (leider im Augenblick nicht in deutscher Übersetzung erhältlich) für mich immer noch und immer wieder eine höchst ergötzliche und lehrreiche Lektüre sind.

Jetzt liegt mir aber am Herzen, auch eine Gruppe von Westschweizern zu loben, die, wie die genannten Abenteurer, auf den ersten Blick auch nicht recht ins Bild des braven Eidgenossen passen wollen. Nennen wir sie etwas verallgemeinernd die Nonkonformisten. Da gibt es jene, die ihrer Heimat, als zu kleinkariert und kleinbürgerlich getadelt, den Rücken gekehrt haben. Oft waren es wieder die eigenwilligen Jurassier wie der bekannte Architekt Le Corbusier, der Schriftsteller Blaise Cendrars und die Absinthbrauer. Aber ziehen wir auch den Hut vor dem mutigen Neuenburger Studenten Maurice Bavaud, der die Pistole auf Hitler richtete und abdrückte, aber leider schlecht zielte. Er imponiert mir zumindest ebenso wie Stauffenberg, der die Tasche mit der Bombe eben doch nur ans Tischbein lehnte. Rudolf Hochhuth und Nikolaus Meienberg brachten das beinah unwillkommen zurück, auch ins Schweizer Gedächtnis, denn in der ordentlichen Schweiz sind selbst gutgemeinte Attentate als etwas letztlich doch die Ordnung Störendes nicht so gern gesehen.

Und im gleichen Atemzug wäre leider zu melden, dass die “brave” bürgerliche Mehrheit des Parlaments kürzlich zum x-ten Male die Rehabilitation der letzten Hand voll noch überlebenden mutigen Schweizer republikanischen Freiwilligen im Spanischen Bürgerkrieg verworfen hat, weil das offenbar nicht in ihre (wohl auch geistige) Verfassung passt.

Loben wir dagegen die Gründer vom Roten Kreuz, Henri Dunant und General Dufour. Auch einen Emer de Vattel, uns unbekannt, möchte ich nennen, den "Erfinder" des Internationalen Rechts und ersten Befürworter Internationaler Schiedsgerichte schon vor 250 Jahren.

Schließlich möchte ich – eher eine ganz persönliche "hommage" – doch noch zweier Menschen gedenken, deren Schicksal mich bewegt. Einer floh aus seinem Land, hat hier Unterschlupf gefunden. Es ist Robert Musil, der österreichische Autor der "Zeitenwende", der unter den prekärsten Bedingungen in Genf "lebte" und dort noch während des Kriegs verstarb. Zumindest hat man eine Gedenktafel angebracht, dort am Haus, wo er den Krieg durchdarbte.

Die zweite ist Caroline Jequier, aus Fleurier im Jura stammend, die es als Hauslehrerin ins ferne Preußen verschlug und dort die Mutter des Dichters Gottfried Benn wurde. Sicher wäre sie gerne noch einmal zurückgekommen und hätte über die grünen Hügel ihrer Heimat geschaut. Doch das ging damals wohl nicht, aber sie hat ihren Kindern die Wiegenlieder immer auf Französisch vorgesungen, berichtet der Sohn. Also sagen wir es doch lieber so: "Elle leurs chantait des berceuses". An eines erinnerte er sich noch – zumindest an ein Stück daraus: "… les cloches sonnent, l'air en rayonne …".

Damit beenden wir dieses Kapitel und dass Miss Mary Wollstonecraft hier am Genfer See 1816 im edlen Wettbewerb mit Lord Byron und ihrem Gatten Percy Bysshe Shelley den "Frankenstein" sich ausdachte. Und dass der traurige italienische Anarchist Luccheni sinnlos die genau so traurige Kaiserin Sissi erstach, anstatt sie zu trösten.

5

Wie wäre es mit einer Schweizer “Kurz”-Geschichte?

Ich weiß, dass Geschichte Vielen ein Greuel ist, aber oft nur, weil man sie so trocken und leblos erzählt hat.

Urs Widmer, einer aus der gar nicht so seltenen Rasse der aufsässigen Schweizer (denken Sie an Frisch, Dürrenmatt, Tinguely, Le Corbusier, Nizon, Meienberg, Hermann Burger, Thomas Hürlimann ...), hat die Geschichte der Eidgenossen an Hand von ein paar Jahreszahlen zusammengestellt und das möchte ich Ihnen in einer gekürzten und hier angepassten Version nicht vorenthalten. (Herr Widmer, der hervorragende Autor, hat es mir erlaubt und ich hoffe, dass ich ihm damit keine Schande mache.)

Meine Erfahrung ist, dass ich kaum etwas kapiere vom Ort, wo ich mich aufhalte, wenn ich nicht ein Minimum von dessen Geschichte kenne.

Nun, ich möchte mir nicht anmaßen zu definieren, was Geschichte ist, und so versuche ich es mit einer Billigversion, die die echten Historiker sicher nicht mal zum Lachen und noch weniger auf die Palme bringen würde:

“Für mich ist Geschichte ungefähr das, was von der vergangenen Zeit in den Leuten, denen ich heute auf der Straße begegne, noch übriggeblieben ist”.

Oder, anders gesagt: Warum der Bänker aus Genf immer noch nicht mit dem Bankgeheimnis herausrücken will und der Schutzmann in Lausanne schon etwas kalt und grob reagieren mag gegen die “Schwobe” (das steht hier verallgemeinernd fürs Deutsche, was ich als Badener schon etwas bösartig finde!). Dagegen beherrscht der Zugschaffner drei Sprachen und ist von so lässiger Überlegenheit, dass man eher meinen könnte, einen Universitätslehrer vor sich zu haben; die Dame an der Rezeption vom Hotel reagiert nicht ganz so freundlich wie wir's erwarten, jedoch ist der Walliser Winzer von fast grober aber trotzdem auf Distanz bedachter Herzlichkeit. Wenn wir schon vom Begegnen sprechen: Man kann heutzutage in Bern durchaus einen Bundesrat (Minister) noch ohne Begleitschutz zu Fuß, auf dem Fahrrad oder in der Straßenbahn antreffen.

Aber keine Angst vor den Jahreszahlen, die brauchen Sie nicht auswendig zu lernen; ich kann sie mir selbst auch nicht merken. Sie sind nur quasi als Aufhänger da für die Geschichte, die sich hinter ihnen verbirgt.

Erstens: 58 v. Chr.

"Was bewog die Schweizer jener frühen Jahre, knorrige Kelten, alle zusammen an einem Tag ihre Häuser niederzubrennen und mit Frauen und Kindern und Kühen südwärts zu ziehen, auf der Suche nach einem besseren Leben in einem schöneren Land? Missernten? Der Nebel? Oder schon damals das Gefühl, dass die Heimat zu eng sei?" (das erwägt Urs Widmer).

So zogen sie aus und los ins Eldorado, ins Land, wo Milch und Honig fließt. Es war südlich, warm und schön. Nur: Sie waren nicht die Ersten dort, da standen schon römische Kohorten, hochgerüstete Truppen, deren Anführer Caesar hieß. Sie hatten nie von ihnen gehört. Wie auch?! Es kam zur Schlacht von Bibracte (so hieß die

Anhöhe in der Nähe des heutigen Autun im Burgund), "die die erste jener Niederlagen war", (sagt wieder Urs Widmer), "die wir Schweizer inzwischen in Siege uminterpretiert haben. Der Sieg war, dass die, die noch lebten, in die Schweiz zurückdurften."

Und sie standen, unfreiwillig, wieder vor den Brandruinen der alten Häuser, suchten auf den verlassenen Äckern nach vergessenen Getreidehalmen, spürten den Hunger und der Nebel war natürlich immer noch da, schien inzwischen sogar noch dichter geworden zu sein.

Die Helveter waren so römische Untertanen …

Die Helveter waren so römische Untertanen geworden, mussten für die erstmal den Kopf hinstrecken als Prellbock, aber alles in allem war das, wenn man es recht besieht, gar keine so miese Zeit. Bei weitem nicht die schlechteste Lösung.

Neben der Ordnung kam sogar etwas Kultur auf in Aventicum (Avenches), der Hauptstadt, in Viviscus (Vevey), Octodurus (Martigny), wo auch, wie Widmer meint, an hohen Feiertagen in den Stücken des Sophokles und Euripides, wenn von Text und Regie verlangt, ein richtig zum Tod Verurteilter geköpft wurde. Ein schönes Schauspiel!

Und die Helveter hatten ihre erste Lektion gelernt: Nur keine unüberlegten Experimente mehr! Nichts übers Knie brechen. Und ja nicht die Hütten hinter sich abbrennen, wenn man nicht ganz sicher ist, dass man woanders wirklich bessere findet. Und sich lieber vorerst mit dem Stärkeren arrangieren als steriles Geschwätz nach Neuem und “Freiheit über alles”. Sich besser still und clever angleichen. Die rechte Zeit abwarten. Das zahlt sich eher aus als hochgestochen hohlklingendes Getöne und heldenhaft rasselndes Getöse. Praktisch und pragmatisch bleiben!

Zweitens: 1291/1315

Unbeschreibliches Durcheinander herrschte … ja, wo eigentlich? Sagen wir mal, obwohl ungenau (aber was war zu der Zeit schon genau festzulegen?), in Europa. Und nichts funktionierte richtig und alles dauerte zudem unheimlich lange. Heute würde man dazu sagen: Man hatte Organisations- und Informationsprobleme. Im Jahre 1291 starb König Rudolf von Habsburg und im folgenden noch größeren Chaos organisierte man sich inzwischen lokal. Wohl nicht mal so sehr aus Freiheitsdrang, sondern aus Notwendigkeit und rein praktischen Gründen. So schließlich auch ein paar "Eidgenossen" in den Bergen.

Die auf Rudolf nachfolgenden Könige erschlugen sich erstmal gegenseitig in regelmäßigen Abständen, die Albrechts, Adolfs, Johannes' und Heinrichs. Dann kam endlich einer dran, Ludwig der Schöne, der wurde nicht gleich gemeuchelt, weil er wahrscheinlich besser mit Schwert und Gift umgehen konnte als jene, die ihm an den Kragen wollten, oder weil er einfach besser organisiert war. So hatte er auch ein bisschen Zeit, sich um andere Dinge zu kümmern als ums eigene Überleben. Da wurde er erst gewahr, dass offenbar so ein paar Bergler Ärger machten am Gotthardpass, an der wichtigen Straße nach Italien. Also rüstete man ein Heer nach allen Regeln ritterlicher Kunst. Das war dann aber schon 24 Jahre nach dem (möglicherweise nie stattgefundenen, inzwischen aber als glorreicher Startschuss der Helveter hochstilisierten) Rütlischwur, auch 1291.

Aber das ging ganz daneben, nicht der Schwur, sondern die Strafexpedition. Die halbnackten, ganz unvorschriftsmäßig bewaffneten bzw. unbewaffneten Bauern stießen die Reiter mit ihren schweren Rüstungen in den Ägerisee bei Morgarten und ersäuften sie mit Haut und Haaren. Es hatte auch wie verrückt geregnet vorher und die schweren Reiter versanken daher fast von allein im Schlamm.

Zweite Lektion: Weiter praktisch denken. Und keine großen Worte. Bloß keine hausgemachten Komplikationen und sich ja nicht von den "Größeren" ins Bockshorn jagen lassen. Sich einen Dreck scheren um die Statistik und Prognosen. Man war vielleicht sogar selbst in der Lage anzugreifen und zu gewinnen. Man begann, ganz erstaunt, sich seiner Stärke bewusst zu werden.

Rütlischwur auf einem historischen Glasfenster

Drittens: 1476/1477

"In Grandson verlor Herzog Karl von Burgund, der sich der Kühne nannte, das Gut. In Murten verlor er den Mut. Und in Nancy das Blut". Das lernen hier schon die Kinder stolz in der Schule.

Ich zitiere jetzt Urs Widmer Wort für Wort; weil das so prall und schön und beinah "hollywoodisch" breitwandkinoreif ist, obwohl diese Geschichte, verwunderlich, nach meiner Kenntnis nie in Cinemascope verfilmt wurde:

"Das Gut also zuerst. Zelte wie Paläste, goldene Teller, mit Diamanten besetzte Kerzenständer, Kisten voller Geschmeide für die mitreisenden Damen, Flöten, Lauten, Zimbeln und Drehleiern, Hüte voller Pfauenfedern, Kugeln aus Muranoglas, eine Badewanne für Anna, des Herzogs Tochter. Gold, Gold, Gold. Der Herzog, der mächtiger als alle Könige seiner Zeit war, war da zuhause, wo er gerade war, und darum nahm er nach altem Königsbrauch sein Hab und Gut überall mit. Köche, Geflügel, den Wein seiner Heimat. Alles fiel den Eidgenossen in die Hände, die Bauernburschen fast alle, die ihren ganzen Besitz auf dem Leib trugen. Kein Wunder, dass sie vergaßen, hinter den Fliehenden herzuhetzen und sich brüllend vor Lachen güldene Nachttöpfe auf die Köpfe setzten, sich in Gobelins wickelten und in Brokatnachthemden gehüllt um die Lagerfeuer herumtanzten. Nun waren *sie* reich und der Herzog arm. Wie staunten dann ihre Frauen erst, als sie schließlich nach Hause kamen. Manche trugen nun sonntags einen Federhut. Auf manchem Tisch stand nun ein Goldbecher am Platz des Vaters, und Männer und Frauen liebten sich auf golddurchwirkten Linnen, die sie am Hintern kratzten."

Dieses letzte Bild mag ich besonders, es hat doch unbestritten mehr Klasse, sich bei der Liebe von Goldfäden den Hintern aufreißen zu lassen als von den trockenen Storzen im Heustadel!

"Der Verlust des Muts kam als nächstes. Vor Murten nämlich ordnete Karl sein Heer wieder, nach den neuesten Regeln des Schlachtenführers. Haupthartst, Flanke, Nachhut. Lanzenträger, Berittene, Kanoniere. Alles korrekt. Jeder Mann an seinem Ort, aber die Eidgenossen kannten keinerlei feine Lebensart, griffen, wo doch die burgundische Heeresfront nach vorn gerichtet war, von der Seite her an, und dies erst noch im strömenden Regen und bevor die Burgunder zu verstehen gegeben hatten, dass sie bereit waren. Denn alle nestelten noch an ihren Brustpanzern herum und ließen sich von Dienern die Steigbügel ihrer Schlachtrösser halten. Die hatten ihre Scheuklappen noch nicht auf! Niemand hatte den Helm festgebunden. Kein Wunder erneut also, dass da die wohlgeplante Ordnung fast sofort aus dem Leim ging. Die Eidgenossen brüllten und schlugen schier blindwütig alles tot, was irgendwie burgundisch aussah. Am Abend lagen zehntausend tote Burgunder an den Ufern des Sees, in den Rebbergen, auf den Wiesen und Matten." (Soweit Urs Widmer).

Ich stand auf dem Schlachtfeld Grandson und dem von Murten. Es ist schon eigenartig über die Wiesen am hübschen Wingert entlang zu gehen und sich vorzustellen, dass man vor ein paar hundert Jahren mit jedem Schritt über einen ausblutenden Toten gestolpert wäre. Übrigens waren die Eidgenossen schon damals überaus gründlich, Gefangene wurden nicht gemacht. Denn in Schädelstätten aus dieser Zeit kann man gut rekonstruieren, dass die

Helebarde, inzwischen ihr bervorzugtes Handwerkszeug, sich hervorragend dazu eignete, auch noch intakte Schädeldecken zu durchlöchern. Aber das war damals möglicherweise auch auf der Gegenseite üblich.

Den Rest können wir abkürzen: Karl kam gerade noch davon; aber nicht weit. Es war nur noch ein Geplänkel; einige Hundert eher gelangweilte Schweizer schlachteten die letzten paar Dutzend lustlosen Burgunder bei Nancy ab. Das ging ohne Finten und Schnörkel, war weder kriegerisches Kunsthandwerk noch brutale Attacke. So richtig Spaß machte das niemandem mehr. Schlecht bezahlte Überstundenarbeit. Man fand Karls Leichnam erst am nächsten Tag, im Dreck liegend, den Kopf in einem Tümpel.

Aus dieser Sache lernten die Schweizer, drittens, gleich ein paar Lektionen.

Zuerst: Man schleppt seine Schätze nicht mit sich herum. Man platziert sie an sicherem Ort, in so etwas wie in einem "safe" (Ich wundere mich übrigens, dass man ein englisches Wort hierfür benutzt und dafür nicht ein spezifisch schweizerisches ausgesucht hat; aber vielleicht hat das eine geheimnisvolle Querverbindung zum Schweizer Bankgeheimnis und da wird ja auch nichts beim richtigen Namen benannt). Ich bin mir dagegen ganz sicher: Grandson ist das uns bisher verheimlichte Gründungsjahr und der -ort der Schweizer Nationalbank.

Dann, zweitens: Bring eine Sache zu Ende. O.k., der erste Sieg und die fette Beute; aber man verlor den Kopf doch nicht so weit, dass man die restlichen Lumpen einfach laufen ließ. Ordnung muss schließlich sein. Bis zum letzten Mann. Solider Abschluss.

Letztlich, drittens: Jetzt war es endgültig klar. Man konnte es nun mit jedem aufnehmen; man war jemand. Im

Übrigen habe ich Schweizer Bekannte, die auch heute felsenfest überzeugt sind, dass die Welt (und Europa sowieso) ohne die Schweiz in kürzester Zeit ganz aus den Fugen geriete. Und deshalb wäre es sicher auch besser Europa in die Schweiz zu integrieren als umgekehrt. Vielleicht haben sie sogar ein bisschen Recht!? Nur vergessen sie leider, dass die Schweiz gerade zwei Drittel der Fläche und Bevölkerung von Bayern ausmacht und das Wirtschaftsaufkommen nur ungefähr das von Baden-Württemberg erreicht.

Viertens: 1515

Sie waren jetzt also die Besten. Und wenn man einen anständigen Schweizer Soldaten (wie am Beginn des Kapitels abgebildet) wollte, dann musste man etwas dafür blechen. So wie für die besten Fußballspieler, zu denen man ja heute noch "Söldner" sagt. Der Service aber war ausgezeichnet und der Leitspruch der eidgenössischen Legionäre hieß "Ehre und Treue". Das war zwar lobenswert und sprach für eine tadellose Arbeitsmoral; war aber nicht in allen Fällen besonders opportun. So ließen sich später 100 Schweizer Söldner im Verlaufe der Französischen Revolution auch noch für den längst abgehalfterten Sechzehnten Ludwig ehrenvoll abschlachten, obwohl schon ziemlich klar war, dass gegen das tausendfach überzählige Pariser Volk nichts mehr auszurichten war. Das war an einem "Zehnten August 1792", und heute noch findet man zum Andenken ein paar Bistros mit diesem Namen "Au Dix Août", wie zum Beispiel in Vevey beim Bahnhof.

Aber zurück zu 1515. Da war man seiner Stärke, beinahe Unbesiegbarkeit, bewusst eher auf Eroberung, nicht mehr auf Verteidigung aus. Es war in Oberitalien, Marignano heißt das Kaff, und auf der anderen Seite stand

François I., der Franzose. Und der machte nun etwas für die Eidgenossen Unvorhergesehenes, er scherte sich nämlich (wie diese ja früher selbst) einen Dreck um die Spielregeln. Er dachte gar nicht daran, sich mit dem undurchdringlichen Igel bzw. der Dampfwalze Schweizer Lanzen und Helebarden anzulegen. Er hatte dagegen seine Technologie verbessert, das heißt eine effiziente Artillerie entwickelt und die pfefferte aus sicherem Abstand in den Menschenigel, der mit jeder Kugel widerlicher wie ein zerfetzter Leiberkloß aussah.

Urs Widmer: "Der Schock war riesig. Längst hat unser kollektives Gedächtnis die Niederlage in einen Sieg unserer staatspolitischen Vernunft uminterpretiert. In der Tat beschlossen die verstörten Eidgenossen – die eben noch die Welt hatten erobern wollen – fürderhin und für alle Zeiten stillzusitzen. Stillesitzen, das war das Fachwort für das, was wir heute Neutralität nennen. Seit 1515 sitzen wir stille, bis zum heutigen Tag, so stille, dass wir uns längst die Ohren zuhalten, um die Schmerzensschreie der übrigen Welt nicht hören zu müssen."

Da ist er wohl etwas hart mit seinen Landsleuten; man könnte ja auch sagen, dass die Schweizer wieder einmal eine vernünftige Lehre gezogen haben. Oder? Schließlich hat man sich daraufhin doch effizient in die "Neutralität" eingeigelt und das erwies sich sogar bis jetzt als ziemlich ertragreich.

Die Lektion daraus? Die überlasse ich aber ganz Herrn Widmer (siehe oben).

Fünftens: 1789/1815/1848

Das erste Datum kennen wir alle. Die Französische Revolution. Obwohl da auch nicht alles so glatt lief und sie nicht wenige der eigenen Kinder auffraß. Aber damit fing denn doch ein neues Zeitalter an. Nicht gleich und schon gar nicht überall. Selbst in Frankreich dauerte es eine ganze Weile, bis sich die Errungenschaften von Gedanken-, Rede- und Versammlungsfreiheit wirklich etablierten und man alle inzwischen untragbar gewordenen "gottgegebenen" Privilegien der Aristo- und Pfaffenbande abschaffte.

In Deutschland klappte das schon überhaupt nicht. Die Schweiz aber manövrierte geschickt und nutzte das politische Auf und Ab clever aus, um den Bund zusammenzubasteln. Und Stück für Stück setzte man die Teilchen (Kantone) des Puzzles aneinander und hatte es 1815 dann auch fast fertig. Die Eidgenossenschaft, der erste europäische Bundesstaat, war aufgebaut. Er war erstaunlich modern und garantiert meilenweit demokratischer und volksnaher als alles, was sonst in Europa gerade zusammengepfuscht wurde. Und das, obwohl das Gebilde keineswegs klare Grenzen gegen außen hatte und außerdem selbst innerhalb schlecht verbunden war (auch heute noch ist es ein kleines logistisches Kunststück, schnell von Lausanne nach Lugano zu kommen). Von vier Landessprachen, Dutzenden Dialekten und anderen lokalen Eigensinnigkeiten gar nicht zu reden. Fragen Sie mal einen "deutschsprechenden" Oberwalliser aus Zermatt, was er von den Zürchern hält.

Bravo! Das war geradewegs ein politisch und diplomatischer Zaubertrick.

Noch etwas Wichtiges ist ein paar Jahre später passiert bzw. eben nicht passiert. Man fand nämlich heraus, dass in der Innerschweiz die Priester und ihre "schwarze Brut" saßen, während besonders in den nördlichen Kantonen wie Basel und Zürich die ungläubigen Pastoren das Sagen hatten. So etwas ist natürlich unakzeptierbar und die "wahre Lehre" muss mit Waffengewalt, mit Kreuzzug, Inquisition und wie die Schlacht um Jerusalem ausgefochten werden. Ketzer und Häretiker verbrennt man am besten gleich. Zumindest geht das im Allgemeinen so, offenbar auch heute noch. Nur sind jetzt Molotowcocktails und Kalaschnikows üblicher als Scheiterhaufen. Aber hier fanden die praktisch überlegenden Schweizer heraus, dass es sich wirklich nicht lohne, sich dafür gegenseitig abzumetzeln. Und so beendete man den "Sonderbund-Glaubenskrieg"(?) fast unblutig und bevor er überhaupt richtig angefangen hatte und ließ den Herrgott für jeden und anders Denkenden auf seine Façon einen guten Mann sein. General Dufour, auch Mitbegründer des Roten Kreuzes, hatte einen maßgeblichen Anteil an dieser anderen Klasseleistung. 1848 war das …

Wenn das nicht zwei wundervolle Lektionen von helvetischer Intelligenz und Schlauheit sind!

Sechstens: 1999 – oder warum nicht 2000, 01, 02 …

Da ich als ausländischer Fremdarbeiter vermeiden möchte parteiisch und ungehörig meinem Aufenthaltsort gegenüber zu argumentieren, zitiere ich einen Schweizer, Jürg Altwegg, aus der Frankfurter Allgemeinen Zeitung vom 27. Oktober 1999:

"Witze über die Österreicher sind in der Schweiz so beliebt wie andernorts jene über Ostfriesen und Türken zusammen. Doch jetzt wird nicht mehr gelacht. Die Eidgenossen haben den Eindruck, die Österreicher als europäische Dorftrottel abzulösen. Die extreme Rechte gewinnt die Wahl: Für diese sich wiederholende – und denn doch ein bisschen schockierende – Schlagzeile machen sie ausschließlich Jörg Haider verantwortlich. In Christoph Blocher glaubt Europa Haiders eidgenossischen Klon entdeckt zu haben. Mit dem feinen Unterschied, dass dessen Schweizerische Volkspartei (SVP) nicht wie jene Haiders die zweitstärkste des Landes wurde, sondern die führende."

Damals waren natürlich die Haiders in Wien noch nicht an die Macht gekommen. Gottseidank hat er so inzwischen die Schweiz wieder vom letzten Platz verdrängt.

Nachdem auch das Schweizer Volk (das man hier auch gut republikanisch den "Souverän" nennt) vor ein paar Jahren den Anschluss an den Europäischen Wirtschaftsraum (von der Union gar nicht zu reden) abgelehnt hat, ist die Schweiz nun ein Fels in der europäischen Brandung. Der Hort eines unschuldigen und unantastbaren Idylls, wie es die Bilder des Malers Albert Anker (eine Art Schweizer Hans Thoma) vorführen und wie nicht verwunderlich, ist der "rechte" Volkstribun Blocher ein eifriger Sammler. In der sonnendurchfluteten Stube mit Geranien auf dem Balkon ist die Familie in eitel Glück und ungetrübter Freude, Ordnung und Harmonie versammelt.

Inzwischen (4. März 2001) hat man mit überwältigender Mehrheit auch eine beschleunigte Annäherung an Europa verworfen.

Aber bis jetzt rentiert sich das ja …, ich meine diese so genannte und im ursprünglichen Sinne völlig absurd gewordene Neutralität. Man war (aber seit dem 3. März 2002 ist man's ja! Hurra!) nicht in den Vereinten Nationen, aber in Genf sind ihre Büros; man ist nicht in Europa, aber der Sitz des CERN und des Europäischen Fußball-

und Internationalen Fahrradverbandes ist auch am See. Das Bankgeheimnis funktioniert immer noch und Schumi (und nicht nur der) sitzt auch hier und hat mit seiner neuen "Heimatgemeinde" einen sicher für beide Seiten günstigen Steuersatz ausgehandelt. Und warum sollte man auch nichtsnutzigen Vereinigungen angehören, um vielleicht den Griechen einen Flugplatz und den Portugiesen eine Brücke mit zu finanzieren, wo die in Brüssel sowieso nur das Geld rausschmeißen! Und stellen Sie sich vor, wenn erst noch das osteuropäische "Volk" dazu und sogar noch hierher käme.

So geht es den Schweizern gut (und natürlich auch den aufgenommenen Ausländern wie mir), aber trotzdem wird man sich überlegen müssen, wie lange man noch als erfolgreiche "Außenseiter" und "Rosinenpicker" (eine österreichische Zeitung benutzte dicses schöne Wort!) weitermachen kann.

Doch, ein Glück, hier sind Sie ja am Genfer See bei den Welschen und die sind verglichen mit den Andern in Gedanken schon etwas weiter gekommen. Wenn Sie also in die Schweiz gehen, dann kommen Sie doch besser gleich hierher.

So fällt mir am Schluss dieser kleinen Geschichtsstunde nur dies als Lektion ein …

6

Ein paar Spaziergänge – ganz ohne Hast – um Vevey und Montreux,

wo wir dann auch einige Gedanken über Höhenlinien anstellen können.
So sind wir also angekommen in einer uns gebührenden Bleibe. Vevey ist da die leisere, früher einmal durch Industrie mitgeprägte Stadt, welche aber inzwischen großteils abhanden gekommen ist. Die zweistöckigen Reisebusse parken öfter in Montreux und es gibt dort auch ein paar Butiken mehr.

Jacques Chessex ist der wichtigste lebende welschschweizer Schriftsteller, der – nicht unbedingt selbstverständlich für einen "Romand" – auch in Frankreich hochgeschätzt ist und dort den wohl begehrtesten "Goncourt" Literatur-Preis erhielt. Eher üblich bei hiesigen, derart ausgezeichneten Künstlern und Autoren ist, dass sie den Sirenenklängen von Paris erliegen und dort ins kulturelle Exil gehen. Aber Chessex blieb hier einfach im Hinterland und hielt seinen Waadtländer Landsleuten schon auch mal einen Spiegel vor die Nase. Sein glutvolles Buch "Portrait des Vaudois" ist eminent lesenswert und es gibt eine hervorragende Übersetzung ins Deutsche – "Leben und Tod im Waadtland" – von Marcel Schwander, die aber vergriffen ist und ganz unverständlicherweise nicht neu aufgelegt wurde. Haben da die Kurverwaltungen interveniert aus Angst, die potentiellen deutschsprachigen Besucher zu vergraulen?

Wie dem auch sei, Chessex' ganz besondere Ironie galt den Hotels von Montreux ("unförmige Zitadellen"), und er träumt von geradezu "biblischen Strafen, vom heiligen Zorn, der diese Greuel zerschmettert wie die Mauern von Jericho". Und ganz "Montreux ist eine entsetzliche Insel", "ein Schandfleck", und auch der Name "Waadtländer Riviera allein ist hässlich und grässlich". "Schonungsbedürftiger Müssiggänger" ist bei weitem das netteste Prädikat, das er für den Gast dort übrig hatte.

Wie Sie leicht erraten können, bestand kaum Aussicht, dass man Herrn Chessex das Amt eines Fremdenverkehrsdirektors der Stadt Montreux antragen würde.

Natürlich, ganz Unrecht hat er nicht; und ich muss zugeben, dass die in Schaufenstern feilgehaltenen "widerlichen Kühe aus Tannenholz", "verlogene Enziane auf Fondue-Tellern" und "Edelweiss auf den Aschenbechern mit eingebrannten Sprüchen" auch mir außerordentlich missfallen. Aber vielleicht sind seine Worte doch etwas hart, wenn er sich beklagt, dass "altersschwache Dampfer in den Wogen der Möwen und Blesshühner keuchen ...". Zumindest können Sie, wenn Sie früh genug aufstehen, mit der "Italie", die alle kleine Häfen anläuft, eine sehr genüssliche Reise bis nach St-Sulpice machen und dort in der "Débarcadère" zu Mittag Fisch essen.

Richtig: Montreux ist eine Touristenstadt. Und es bleibt ganz Ihnen überlassen, ob Sie sich damit begnügen wollen, nur am – übrigens sehr pitttoresken – Quai hin und her zu laufen und auf der zudem lärmigen Hauptstraße die Auslagen der Läden anzuschauen. Ein sehr bildreiches Wort ist hier: "Lécher les vitrines", also sinngemäß: "die Schaufenster abschlecken".

Aber schon wenn Sie eine Höhenlinie drüber in die am Bahnhof vorbeiführende Straße hochsteigen, übrigens über fast versteckt angelegte Treppenstufen – so als wolle man die Besucher davon abhalten – geraten Sie ins arbeitsamere Montreux der "Ureinwohner". Und wenn Sie sich erst noch eine Stufe höher ins Viertel der "Planches" wagen, in das sich Fremde kaum noch verirren, dann weht plötzlich ein gutes Lüftchen einer netten Schweizer Provinzstadt mit schönem Ausblick. Dort gibt's ein paar hübsche Bistros, das seht interessante Stadtmuseum und das Keller-"Théâtre du Vieux Quartier" (TVQ), in dem gerade über die Sommerzeit oft ausgezeichnete Truppen, auch aus Paris oder Brüssel, amüsante Stücke spielen. Selbst wenn Ihr Französisch nicht perfekt sein sollte, könnten Sie da Ihren Spaß dran haben. Ist aber meist voll; also Karten vorbestellen. (Da erfahre ich gerade, dass man das gute "TVQ" in "TMR" – Théâtre Montreux Riviera – umgetauft hat, weil das offenbar weitertragend und publikumsanziehender sein soll! Ich weigere mich aber diese unnütze Verunstaltung mitzumachen und werde weiter vom TVQ reden.) Eines meiner größten Theatererlebnisse war übrigens die "Nora" von Ibsen in Oslo, obwohl ich praktisch kein Wort norwegisch verstehe.

Nur ein paar Schritte weiter können Sie aber schon in die wildromantische Schlucht der Schmiede ("Gorges du Chauderon") einsteigen und einen Spaziergang in die Höhe unternehmen. Wenn es Sie nicht überfordert, sind es fünf Stunden bis auf den Gipfel der Rochers-de-Naye. Sie könnten aber auch früher anhalten in Caux oder Glion oder mit dem Zug weiter fahren. Solide Schuhe mit gutem Profil sind angeraten. Wer in der Ebene bleiben will, kann an Schloss Chillon vorbei bis nach Villeneuve spazieren, um dann in die Stille der "Grangettes" einzutauchen. Das ist insbesondere mit dem Fahrrad zu empfehlen, das am Bahnhof Montreux (und meist auch in Villeneuve an der Kantonalstraße) gemietet werden kann.

Fantastisch sind die von Montreux ausgehenden Verbindungen mit der Eisenbahn; die Zahnradbahn auf die gerade genannten Rochers-de-Naye, aber auch etwas weiter mit der MOB (Montreux Berner Oberland Bahn) bis nach Gstaad und Zweisimmen. Bei schönem Wetter ist diese Fahrt im Aussichtswagen ein großes Erlebnis.

Eine interessante und etwas lärmig durcheinander geschüttelte Vielvölkerkultur stellt sich während des im Juli stattfindenden Jazzfestivals ein. Wenn Sie in die Konzerte gehen, lassen Sie besser Ihre Uhr zu Hause; nicht weil Sie Ihnen dort gleich gestohlen würde, sondern, damit Sie nicht immer daran erinnert werden, dass es schon 3 oder 4 Uhr nachts geworden ist. Es kann dort magische Momente geben, wenn plötzlich gar nicht vorgesehene Mixturen (ein schönes französisches Wort dafür ist: "métissages") von Musik und Menschen auf der Bühne erscheinen. Garantiert aber ist nichts. Es bleibt ein musikalisches Lotteriespiel in das uns der oft geniale Organisator Claude Nobs einbezieht.

Die Hotels: das pikfeine "Palace" ist leider an der Durchgangsstraße gelegen, aber Nabokov hielt es darin jahrelang aus. Andere, wie "Eden", "Golf" und "Excelsior", befinden sich direkt am See. Wunderbar auch das "Hotel Masson" in Territet sowie die 4/5-Sterner "Victoria" und "Righi" im höhergelegenen Glion. Oder das einfache Bahnhofrestaurant-Hotel in Caux und das "Sonloup" über Les Avants. Und warum nicht auch die billig-saubere Jugendherberge?

Montreux ist nicht gerade berühmt für sein kulinarisches Niveau. Ich kann mich des Gefühls nicht erwehren, dass man sich inzwischen eher den Bedürfnissen jugendlicher Festivalbesucher nach schnellen Snacks angeglichen hat.

Doch "Flamm's", am Eingang der Altstadt gelegen, bietet Elsässer Spezialitäten wie Flammekueche und Sauerkraut, zudem auch feiner Französisches in einfachem Rahmen zu erschwinglichen Preisen. In der Altstadt die interessante, weil wirklich Alt-Montreux Beiz "Le Grütli", wo man auch ein paar Vertreter der sich sonst eher diskret zurückhaltenden einheimischen Künstler- und Marginalgemeinde treffen kann. In der Nähe auch das urige "Le Pont" am Eingang der Schlucht mit ein paar einfachen preiswerten Zimmern.

Ein hochgelobtes, auch entsprechend teures Feinschmeckerlokal ist die "Ermitage" in Montreux-Clarens am See, dem auch ein hübsches Hotel angeschlossen ist. Ein guter Italiener ist "Il Brigantino". In den Bergen liegt das rustikal-gemütliche "Le Montagnard" (mit Volksmusik) und dort sind selbst in "whole busloads" angekarrte texanische, hanseatische oder amsterdamische Kurs- und Kongressteilnehmer(innen) auf Abendausgang zu verkraften. Noch höher im Berg, abends nur mit Auto zu erreichen, "La Cergnaulaz" in Orgevaux über Sonloup, wo man oft beengt, aber sehr gut isst.

Wenn es Sie nochmals in die Höhe zieht, dann fahren Sie über Les Avants (von den winterlichen Schlittenfahrten dort berichtete Hemingway) bis auf den Col du Jaman und unternehmen dann eine selbst für Flachländer zu schaffende, fast alpine, aber ungefährliche Kletterei bis auf

Vüe prise a

délinée par

de la Tour.
par M. Pictet

den Gipfel. Dort erwartet Sie als Belohnung ein unvergleichlicher Ausblick auf den See. Stärken können Sie sich nachher im Restaurant am Parkplatz.

So komme ich also zu dem Schluss, dass es großteils auf Sie selbst ankommt, was Sie mit Montreux und sich selbst dort machen.

Gerne würde ich behaupten, dass Vevey "meine" Stadt sei, aber das kann ich als Ausländer wohl nicht für mich in Anspruch nehmen. Außerdem wohne ich in einem Dorf gerade nebendran, das groß genug ist, um administrativ unabhängig zu sein, und das deshalb auch die Steuern selbst einziehen darf. Und trotzdem, wenn überhaupt irgendwo hier, dann fühl' ich mich in Vevey zu Hause.

Ein Kommentar zu den Steuern! Die werden hier von Kommune zu Kommune verschieden und auch mal "flexibel" festgesetzt. Das ist die Grundlage des "Steuerablassgeschäftes" für Großverdiener aller Art, Formel-1-Fahrer und Tenniscracks, die einen günstigen Tarif aushandeln. Aber ich bin selbst ein Heuchler und Profiteur – zwar nur im Westentaschenformat – und als solcher froh, dass ich in "meiner" Gemeinde auch von einem günstigen Steuerfuß profitiere.

Warum ich das hier erwähne? Aus reiner Lust am Widerspruch, flagrantem Mangel an Logik und weil Vevey eine der wenigen "roten" Städte in der Schweiz war. Worte wie "Gewerkschaft" oder "Rosa Luxemburg" scheinen in der Schweiz sowieso fehl am Platz zu sein. In Vevey wurde das soziale Problem weitgehend genial gelöst, indem man Industrie und die Arbeiter praktisch abgeschafft hat.

Trotzdem! In Olten/Zürich (1918) und Genf (1932) gab es mal so etwas wie einen Generalstreik, kaum politisch bedingt, sondern eher aus einer sozialen Notsituation heraus und fast ungeplant hochgekocht. Diese werden natürlich auch heute noch von braven bürgerlichen Vertretern als kommunistisch und staatsbedrohend uminterpretiert, um das massive Eingreifen von Militär zu rechtfertigen, das auf wehrlose Arbeiter schoss. Daran erinnert man sich hier aber nicht so gern.

Vevey beherbergte einst die produktiven Anfänge des Deutschen Heinrich Nestle, fünf oder vielleicht noch mehr Schokoladenfabriken, eine große Tabakmanufaktur (für die legendären "Gitanes" und "Caporal"), eine Menge grafischer Betriebe sowie die große metallverarbeitende Industrie. Fast alles ist weg, was man mit der Kraft der Arme schaffte.

Die "White Collar People and Young Dynamic Managers" haben jetzt das Sagen. Jene, die Inoxstahl schweißen, Turbinen hämmern, Zigarillos rollen und die Milch trocknen konnten, haben hier schon lange nichts mehr zu suchen. Nur hinter der Bahnlinie, "derrière gare", wie die Alten hier sagten, verstecken sich in ein paar Hinterhöfen verbleichende Anschriften auf ergrauten Mauern und in trüben Bistros ein Hauch vom Geist der Schaffer und Macher. Wie in den Clubs der inzwischen wohl meist frühpensionierten spanischen und portugiesischen Arbeiter und in der Tatsache, dass hier an den Kreuzungen noch nicht jede Vorfahrt vorgeschrieben ist. In die Druckerei ist eine Nestlé-Abteilung eingezogen; in die Tabakmanufaktur eine genmanipulierende Pharmaforschung; das Gelände der stillgelegten Metallfabrik teilen sich Parkplatz, ein Consultingbüro, ein "Souk" mit meist wenig Nützlichem und ein Restaurant mit Jazzmusik am Donnerstag Abend. Das hat mit Schwierigkeiten zu kämpfen und gibt

auch wieder mal den aufrühigen Geist auf. Ich bin mir nicht sicher ob es noch existieren wird, sollten Sie diese Zeilen hier lesen?

Jetzt spielt man in leeren Fabrikhallen manchmal auch Theater, und es gab sogar ein von der Chaplin-Familie lanciertes Projekt in den verwaisten Werkstätten, wenn es schon nichts mehr zu schmieden gibt, "Charlie's Vergnügungspark" einzubauen. "Stuntmen" könnten dort vor kreischenden Kindern die Szene aus dem Filmklassiker "Moderne Zeiten" nachspielen, wo der kleine Mann wirr und wild endlos vorbeirasende Schrauben anzieht. So heißt (oder hieß) übrigens auch jenes manchmal geschlossene Restaurant auf dem trostlosen Werksgelände: "Les temps modernes!" Moderne Zeiten.

Die Altstadt von Vevey ist angenehm und rührig und der Marktplatz der größte der Schweiz; aber leider noch von Autos verstellt. Werden die inzwischen seit Jahrzehnten durchgehechelten Pläne einer großen Tiefgarage (Montreux und Lausanne haben das längst gelöst) einmal verwirklicht, dann würde sich eine grandiose Fläche mit weitem Ausblick auf den See auftun. Hier finden im Hochsommer die von Fremden wie Einheimischen sehr geschätzten "Folkloristischen Samstage" statt; bei Markt in Tracht und Weinverkostung trifft man sich (meist zufällig) mit Freunden und Bekannten zu einem Schwätzchen. Und hat man einmal ein Glas erstanden, kann man es sich so oft füllen lassen wie's beliebt. Alphornbläser und Blaskapelle sind auch irgendwo. Alles ist angenehm menschlich und richtig ohne großes Getue.

Viel Deutsches gibt es hier, neben der beherrschenden Nestle des ursprünglich hessischen Drogisten, zum Beispiel auch das sehr sehenswerte Kupferstichkabinett im Museum Jenisch, gestiftet von einer hanseatischen Dame dieses Namens. Fräulein von Lengefeld, später verehelichte Frau Schiller, arbeitete hier als Gesellschaftsdame; die Hindemith-Stiftung tut heute noch viel Gutes in der Ausbildung junger Künstler in Blonay, oberhalb der Stadt. Carl Schuricht, Furtwängler und eine Reihe deutscher Künstler lebten während des Kriegs hier in der Nähe. Nach dem Krieg auch Karl Zuckmayer, mit viel Besuch aus der deutschen Literaten- und Verlegerwelt im inzwischen leider abgerissenen Hotel "Bellevue" in Chardonne.

Sehenswert ist das von Le Corbusier an der Kantonalstraße nach Lausanne für seine Eltern gebaute Häuschen, von genialer Einfachheit. Aber leider fast immer uneindringbar, und ich sah nicht nur einmal hoffnungslose Interessenten vor der verschlossenen Türe stehen.

Jetzt zu den Spaziergängen. Drei würde ich in Betracht ziehen: Der Erste ist für den Besucher wohl der Überwältigendste. Sie fahren dazu vom Bahnhof mit dem gelben Weinbergzüglein (“train des vignes”) hoch bis nach Chexbres und steigen von dort in den angenehmen Fußweg ein, der auf halber Höhe durch die beste und steilste Lage des Weinbergs, den Dézaley, führt. Sie bleiben vom Bahnhof aus zuerst einen guten Kilometer auf der “Corniche”-Autostraße, von der Sie aber bei der ersten Abzweigung gegen den See nach unten abbiegen. Dann können Sie (das ist gut ausgeschildert und erklärt) im Wingert durch die Dörfer St-Saphorin, Rivaz, Epesses und Riex wandern. Für diesen Ausflug können Sie nach Lust und Laune ein paar Stunden einrechnen. Absteigen zur Bahnlinie am See kann man immer wieder; doch der Bummelzug fährt nicht alle zehn Minuten. Aber schließlich haben Sie ja Zeit ... auch um in einen der im Sommer meist ab fünf Uhr mittags geöffneten Weinkeller (“caveaux de vigneron”) einzukehren.

Das zweite Ziel könnte der gerade hinter der Stadt aufsteigende Mont Pèlerin sein. Dazu müssen Sie vom Bahnhof aus mit dem Trolleybus (oder auch zu Fuß) bis zur Endstation “Funiculaire” in Richtung Westen fahren (oder spazieren) und dort in die gradaufsteigende Drahtseilbahn umsteigen. Oben angekommen, empfehle ich Ihnen auf dem rot ausgezeichneten Rundweg den Berg zu umwandern. Das Schöne an diesem Spaziergang ist, dass Sie auf dem Weg in alle Himmelsrichtungen gegen die Fribourger Alpen, dann aufs weite Hinterland und schließlich wieder auf den See schauen. Am Ende des Weges können Sie dann einkehren in den “Buvettes” (Beiseln, Schänken) von “Le Défiran” und “La Buritaz”, im Wirtshaus der Bergbahn oder auch vornehmer auf der Terrasse des “Mirador” mit dem fantastischen Seeblick. Etwas weiter ausgelegt sind die Wege auf den Pleiaden (“Les Pléiades”), die Sie auch per Bahn direkt vom Bahnhof aus erreichen.

Der dritte Vorschlag richtet sich eher an jene, die nicht immer den einfachsten Weg gehen wollen. Einen, der eher interessant als nur hübsch für den Besucher angelegt ist. Wir gehen dem Flüsschen Veveyse nach, aber gegen den Strom, von der Mündung aus gegen den Berg. Anfangs eingeschnürt in seine betonierte Zwangsjacke, durchschneidet es die Stadt nicht immer an ihrer Schokoladenseite. Wir kreuzen neben ihm die geschäftige Hauptstraße, unterqueren die Bahnlinie und kommen dann durchs Industrieviertel, beziehungsweise was davon übrigblieb. Viel früher waren neben dem Bachbett Kanäle gezogen, deren Wasser die Mühlen und Schmiede antrieben. Sportplätze gibt es jetzt für die Ertüchtigung von gestressten Bankbeamten und lustlosen Schülern. Der Fußballclub Vevey übrigens krebst mühsam in einer unteren Liga herum, weil man keinen kräftigen Sponsor findet. Dann ist der Weg überschattet von Mietshäusern für die sozial Schwächeren. Also, dann gibt es das doch in der “reichen” Schweiz. Der Weg windet sich immer dem Flüsschen entlang langsam aus den Häusern heraus und führt links am Schießstand vorbei. Diesen wollte übrigens Charly Chaplin immer entfernt haben, dessen großes Anwesen am Hang gegenüber liegt, aber kaum ein Hindernis gegen den Lärm der Karabiner darstellte. Aber auch er schaffte das keineswegs, denn man nimmt den wehrhaften Schweizer

Männern alles weg, aber nicht ihren Schießstand. Das Restaurant "Stand de Tir" ist ein interessanter Ort lokaler Lebensart und wenn Sie sich ganz allein unter Schweizern fühlen wollen, dann trauen Sie sich ruhig hinein. Man hört dort übrigens auch viel (Schweizer)-Deutsch reden.

Aber zuerst einmal geht es daran vorbei, hoch und nieder und dann über hunderte mühsame Treppenstufen hinauf in den Fitness-Parcours, dem wir weiter folgen; ja, bis wohin? Soweit Sie wollen. Der Weg wird dann auch etwas unübersichtlich und abenteuerlicher, denn plötzlich schneidet sich der vorher brave Bach ein in einen Canyon und Sie müssen etwas pfadfinderischen Orientierungssinn anwenden, um sich zurechtzufinden. Aber wer sich auf diese Route einlässt, nimmt in Kauf, dass man sich auch einmal verirren kann (das gehört quasi dazu) und hat vorsichtshalber eine Wanderkarte erstanden. Schnell kommt man unter die Fenil-Brücke; diese war ursprünglich für die inzwischen aufgegebene Eisenbahnlinie nach Châtel-St-Denis gebaut und übt inzwischen nur noch eine traurige Anziehungskraft auf Selbstmörder aus. In die natürlich auch aufgegebene Haltestelle "Fenil" auf der anderen Seite der Brücke ist ein Restaurant eingezogen und noch vorher können Sie bei "Charly's" einkehren, wo die übriggebliebenen Arbeiter des kleinen Industriegebiets ihr "Menu du Jour" essen. Wenn Sie danach noch Lust und Laune haben, gehen Sie den Weg weiter, bis Sie an die Abzweigung "passerelle" (Fußbrücke) gelangen, von wo aus Sie auf steil auf- und abwärts führendem Weg bis zu den drei Brücken unten am Wildbach kommen (chemin des 3 passerelles).

Weil wir schon bei den "Beizen" waren: Für mich ist das hinterm Bahnhof am Platz Robin gelegene "Café de l'Avenir" der geometrische Ort der größten Identifikation der Stadt. Dort können Sie an einem Abend beim Fondueessen einen guten statistischen Schnitt durch die Bevölkerung machen: den Nestlé-Prokuristen plus Kollegen, einen pensionierten Bahnarbeiter mit Madame und den Verkäufer vom Baumarkt und Freundin. Sportler, die beim Vorbeifahren ihr Velo abgestellt haben und im Garten ihr Radlerwasser trinken, und auf der Bocciabahn rollen die "Gastarbeiter" ihre Kugeln und die mehr oder weniger rauhen Konsonanten aus Apulien, La Mancha oder aus Tras-os-Montes.

Mehr zum Essen: Rund um den Marktplatz liegen eine Reihe sehr akzeptabler Restaurants mit vernünftigen Preisen. Hinterm Bahnhof "Aux Bosquets" eine absolut kitschige und gerade deshalb sympathische neapolitanische Pizzeria. Dezent alternativ das "Vertigo" am Marktplatz und die "Temps Modernes". Meine bevorzugte Absteige in der teureren Klasse ist das "Le Petit" in St-Légier mit dem etwas eigensinnig-genialen jurassischen Chef Minder, den Sie am besten mitentscheiden lassen sollten, was Sie sich schmecken lassen. Neuerdings auch das vom jungen Chef David Berger in Corseaux betriebene "Terrasse" mit tatsächlich einer hübschen Terrasse zwischen Gemüsegärten. Ebenfalls zu empfehlen ist das "Montagne" in Chardonne und die "Trois Suisses" in Jongny. Preislich und kulinarisch Spitze – nach Kritiken, nicht ausreichend eigener Erfahrung – sind das "Pont de Brent" des Gérard Rabaey und Denis Martins "Château" in Vevey (wo neuerdings bis zu 17-gängige Degustationsmenus kredenzt werden). Da müssen Sie aber schon 100 Euro pro Person einrechnen. Also eher Fest-Essen für besondere Anlässe!

Hatte ich nicht einen Gedanken über Höhenlinien versprochen? Nichts Großartiges, aber viele hier (wie auch ich) pflegen eine geradezu kulthafte Verehrung und Anhimmelung des Sees und der Geister über den Wassern aus den verschiedensten Winkeln. Sein Bild ändert sich je höher man steigt. Ein Freund wohnte lange direkt am Ufer und dann sagte er mir, plötzlich fast verzweifelt, dass er es dort nicht mehr aushalte, weil der See ihn überwältige und er deshalb weiter weg ziehen müsse. Und er verkaufte sein Haus Hals über Kopf und baute sich eines in der Höhe. Auch eine umgekehrte Bewegung wäre denkbar.

Es kann auch für Sie ein schönes Experiment sein, den See von unterschiedlichen Höhen-Standorten aus zu erleben. Wenn wir ganz unten anfangen, dann ist es am einfachsten, nicht zu gehen, sondern den Zug zu nehmen, denn der verkehrt großteils ganz nah am Ufer entlang zwischen Vevey und Lausanne.

Der vorher schon erwähnte Weg durchs Dézaley wäre die Mittellinie. Und der höchste schließlich geht vom Bahnhof Puidoux aus, zu dem Sie die gelbe Weinbergbahn von Vevey aus hochbringt. Die Endstation. Von dort sind es übrigens nur ein paar Schritte zum privaten Uhrenmuseum von Monsieur Donzé mit seinen bemerkenswerten Erotikuhren, und am Abend serviert man im unscheinbaren "Hotel des Chemins-de-Fer" eine ebenso bemerkenswerte thailändische Küche. Aber kommen wir auf den Weg zurück, der zum "Tour de Gourze" führt. Hoch überm Weinberg und vom Aussichtsturm dort haben Sie einen gewaltigen "Über"-Blick und wieder tut sich Ihnen ein anderer See auf.

In der sympathischen Wirtschaft, gerade unterm Aussichtsturm, können Sie Geist und Körper erfrischen.

Gewaltig ist auch der Blick vom nahen “Hotel Signal”, selbst aus dem überdachten Schwimmbad.

Nun, wenn Sie auch nur einen Teil dieses Programms hinter sich gebracht haben, dann fallen Sie sicher hundemüde in die Federn. Und vielleicht spiegelt sich der See dreimal anders in Ihren Träumen.

P.S.: Das hätte ich nun fast vergessen! Solche, die sich nicht lange Wanderungen antun wollen oder können, mögen den See aus den verschiedensten Winkeln auch vom Zug aus erleben. Dazu fahren Sie mit dem “Train des Vignes” von Vevey hoch nach Puidoux; von dort mit dem Bummelzug hinunter nach Lausanne und schließlich am Seeufer zurück nach Vevey. Für schnelle Anschlüsse kann ich aber nicht garantieren. In Puidoux fahren mir dauernd Züge vor der Nase weg, das Telefon funktioniert nicht immer und die Schalter sind geschlossen. Ist das vielleicht Absicht, um uns so auf den wunderbaren Seeblick vorzubereiten?

7

Jetzt brauchen wir aber endlich etwas Rechtes zum Essen!

Ich weiß nicht, wie es Ihnen geht; aber wenn ich in den Ferien nicht etwas Gutes auf den Teller bekomme, dann ist das schon eine kleine Katastrophe.

Selbst die großartigsten Ausblicke in Nepal können mich nicht ganz mit dem Tee versöhnen, der einen Geschmack nach ranziger Yakbutter hat.

Etwas Schlemmen gehört einfach dazu, neben all den schönen Eindrücken in Natur, Konzerten und Ausstellungen.

Ich möchte hier nicht das Thema der Gemeinsamkeiten von Kultur und Kulinarik breittreten und nur nebenbei erwähnen, dass der Name Rossini bekanntlich sowohl für den "Barbier" und die "Kleine Feierliche Messe" als auch auch für die "Tournedos" steht. Eine Organisation in der Schweiz bietet "Kunsttourismus" an, und ich halte es keineswegs für eine abwegige Idee, wenn wir das berühmte Kronenhalle-Restaurant in Zürich besuchen, beim Tafeln auf einem Frisch oder Dürrenmatt gewidmeten Platz sitzen und gegenüber an der Wand ein Original der Impressionisten betrachten.

Nur dies noch zum sinnlichen Wert des Essens: Mein Freund H. W. – ausgewiesener Shakespeare-Kenner, aber auch ein begabter Koch – erklärte mir einmal, dass der wahre Grund, warum Othello seine Desdemona so schnell erwürgt habe, sich nur damit erklären lasse, dass Letztere ihm nach seiner Rückkehr einen Risotto aus Uncle Bens Parboiled Rice gekocht habe anstatt mit Arborio oder Vialone!

Zuerst möchte ich Sie beruhigen. Man isst am See sehr korrekt. Die Gründe dafür sind sicher die lange Tradition der Hotellerie und auch, dass Wirte und Köche hier, um ein Patent zu bekommen, durch eine ziemlich harte Schule müssen. Nicht umsonst sind in der Gegend die angesehensten Hotelfach- und Kochschulen und der Caesar Ritz ("König der Hoteliers und Hotelier der Könige") stammt aus einem Dorf im nahen Walliser Gommertal. Manchmal sagt man der Speisekarte hier etwas Mangel an Fantasie nach. Aber "Gut essen" ist nicht erstrangig eine Sache des Komplizierten. Wie jemand, dessen Name ich vergessen habe, es ausdrückte:

"Gutes Essen ist vor allem einfach und präzise."

Nehmen wir einen "einfachen" Apfelkuchen!

Wenn Sie Glück haben, kommt er gerade frisch aus dem Ofen, ist vielleicht sogar noch warm, der Teig luftig und knusprig, der Boden ist noch keine durchweichte Kühlfachpampe geworden. Der Bäcker hat einen sauren Apfel, wie zum Beispiel den Boskop, genommen und die Scheiben so geschnitten, dass in ihnen noch Textur und Leben übriggeblieben ist und nicht ein vermanschtes Mus. Vielleicht hat er auch das Wissen und Können gehabt, einen leichten Guss mit nicht zuviel Vanille und etwas Zimt zwischen den Apfelspalten zu verteilen; darüber noch einer Spur Zitronensaft. Wenn das Verhältnis Teig zu Belag noch stimmt, dann hat der gute Mann ein kleines Kunstwerk zustande gebracht. Ein solches habe ich in der "Auberge de Bugnaux" hier an der Côte über Rolle gegessen.

Oder nehmen wir einen korrekt gesimmerten Dorschrücken, beim Kochen auf unter 90 Grad gehalten im ja nicht siedenden Courtbouillon, mit dem Ergebnis, dass man die immer noch etwas durchscheinenden “Flocken” mit dem Gabelrücken von einander lösen kann. So wurde mir das in der “Débarcadère” in St-Sulpice serviert. Aber auch als fasrig verkochter weißer Klumpen in einem als Nobelhotel geführten Etablissement im Schwarzwald.

Und noch simpler: Ich will, dass man von den Salatblättern das Wasser abschüttelt oder zentrifugiert, mich fragt wie ich ihn angerichtet haben möchte und man mir nicht irgendeine weißliche Zitronensäure-Stärke-Milchprotein-Emulsion aus einer Plastikkanne für Großverbraucher drüberschüttet. Und wenn wir schon beim Salat sind: Da ist der Ackersalat (auch Feldsalat genannt). Es gibt offenbar neuere Züchtungen, sicher ertragreich, die es fertiggebracht haben, aus den kleinen savourösen Blättchen riesige fleischig-geschmacklose Lappen zu machen. Gottseidank haben wir hier noch ein paar Marktfrauen und Geschäfte, die ein vernünftiges Produkt aus dem Garten anbieten. Am besten ist es, nach der Lese die “Sonnewirbele” selber im Weinberg abzuschneiden. Kürzlich habe ich hier in der Karte eines Restaurants “Weinbergackersalat” entdeckt. Bravo für diese kulinarische Überraschung!

Nun will ich aber mit den Beispielen aufhören, weil ja wohl auch klar geworden ist, was ich meine.

Natürlich gibt es Dinge, die zwar nicht nach jedermanns Gusto sein mögen, aber einfach zum Geruch und Geschmack einer Gegend dazugehören und deshalb wohl auch nur an Ort und Stelle ihren ganzen Reiz entfalten. Woanders könnte man sie erstmal gar nicht bekommen, aber sie würden auch viel von ihrer ganzen Fülle verlieren.

Im Waadtland ist das Beispiel dafür die "Kohlwurst mit Kartoffel- und Lauchgemüse" (Saucisses au Choux et Papet Vaudois). Dieses Gericht hat hier geradezu eine staatstragende Bedeutung, was ich auch dadurch belegen kann, dass ein deutscher Arbeitskollege, der sich als Schweizer einbürgern lassen wollte, von der obligatorischen Prüfungskommission keineswegs über Wilhelm Tell oder die Murtenschlacht befragt wurde, sondern eben dieses Rezept erklären sollte. Böse Zungen behaupten, dass die als eher sparsam bekannten Waadtländer ursprünglich mit Kohl das Schweinefleisch gestreckt haben. So ist es wahrscheinlich auch gewesen, aber sie haben es zumindest auf rechte Art gemacht.

Jetzt lasst uns aber zu anderen Produkten kommen, die Sie hier in besonderer Qualität finden können. Da wäre natürlich die Milch und die daraus hergestellten Käse und Schokoladen. Noch vorher erwähnenswert der fettstrotzende, kaum vom Löffel fließende aber gerade deshalb wunderbare Doppelrahm "Double Crème de Gruyère". Dieser ist zusammen mit "méringues" (Meringen; der Name leitet sich offenbar vom bernischen Ort Meiringen ab) und frischen Erdbeeren, oder mit schonend aufgekochten Früchten, das beste, wenn auch kalorienreiches Dessert nicht nur der Gegend. Bekannt dafür ist der Flecken Gruyère selbst, aber auch hinter Vevey in Richtung Fribourg das Städtchen Châtel-St-Denis. Nur deswegen lohnt sich schon die Fahrt dorthin.

Käse ist ein besonderes Thema und Seiten ließen sich nur darüber vollschreiben. Natürlich ist der bekannteste der Gegend der Gruyère (Greyerzer) und die noch interessantere Variante, der "Etivaz", benannt nach diesem Dorf auf dem Weg vom See über den Mosses-Pass ins "Pays d'Enhaut"(Oberland). Dort können Sie ihn auf dem Weg auch gleich im Zentrallager einkaufen. Die Besonderheit besteht darin, dass dieser Käse in den Sommermonaten auf der Alp selbst hergestellt wird; nicht von der abgegebenen Milch in den Käsereien im Tal. Der Etivaz hat übrigens als eines der ersten Produkte hier auch einen "Apellation Contrôlé" (AOC) Ursprungs-Label erhalten.

Ich kann Ihnen auch den "Tomme Vaudois" empfehlen (bekannt ist der von Rossinière), im Allgemeinen aus Kuhmilch, seltener aus Geißenmilch hergestellt. Es ist ein Weichkäse mit eher mildem Geschmack und ist meist wunderbar kremig. Ich ziehe ihn deshalb dem sicher kräftigeren Brie vor, weil ich Letzteren hier einfach selten im richtigen Reifegrad bekomme. Eine Besonderheit ist der jurassische "Tête de Moine" (Mönchskopf), ein zylindrischer Halbhartkäse. Eine Besonderheit ist, dass mit ihm gleichsam als "hardware" eine Raspel (die "girolle") angeboten wird. Die erlaubt es, in Rüschchen gefältelte Stücke abzuschaben, was den herzhaften Geschmack gut zur Geltung bringt. Ich kann leider kaum empfehlen, die "girolle" als Erinnerung mitzunehmen, es sei denn, Sie könnten auch bei sich zuhause den "Tête de Moine" kaufen.

Das eigentliche "Non plus Ultra" Schweizer Käse – aber eher nur in Herbst- und Wintermonaten erhältlich – ist für mich der "Vacherin Mont d'Or" in der typischen runden Holzspanschachtel. In richtiger Reife ist er weich und fast flüssig, man kann ihn mit dem Kaffeelöffel aus-"löffeln". Das ist einfach perfekt: Bauernbrot, Käse und Wein, natürlich mit einem Waadtländer oder einem Walliser Weißen. Manche ziehen einen roten Dôle vor. Das spielt aber kaum eine Rolle.

Wenn man hier von Käse redet, muss man natürlich die "Klassiker", das Käsefondue "moitié-moitié" (halb und halb Gruyère und Fribourger Vacherin) erwähnen, das im Allgemeinen ohne Vorspeise serviert wird. Nicht jedes Lokal tischt Fondue auf und noch selektiver ist die Auswahl jener, die das Walliser Raclette anbieten, denn den halben Laib "Bagne"-Käse (aus dem Tal von Verbier) zum Schmelzen zu bringen lohnt sich nur, wenn eine ansehnliche Gruppe Gäste gleichzeitig tafelt. Für beide ist es deshalb angebracht, vorher (im Hotel; warum nicht beim Gendarmen) zu erfragen, wo der beste Platz dafür sei, und dann zur Sicherheit sich auch noch im Lokal versichern. Obligatorisch zum Zubereiten vom Fondue wie auch zur Begleitung ist eigentlich ein Waadtländer oder Walliser

Chasselas (letzterer Fendant geheißen); jedoch wird man Ihnen auch Schwarztee dazu servieren.

Wenn Sie Fisch mögen, sollten Sie sich die "Filets de Perche" (Egli, Felchen) nicht entgehen lassen; das ist hier sogar, zusammen mit der Saucisse au Choux und dem Fondue/Raclette, beinahe die dritte kulinarische Pflicht. Als Beilage passen am besten "Pommes nature", aber Pommes frites werden auch dazu angeboten. September und Oktober ist die gute Fangzeit. Auch hierfür gibt es spezialisierte Restaurants und jeder Einheimische kennt garantiert ein Lokal, wo die "Allerbesten" aufgetischt werden. Es lohnt sich also, vorher Rat einzuholen.

Die "perches" haben hier für jeden Eingeborenen eine fast mystische Bedeutung; und hätte Jesus Fisch und Brot am Genfer See vervielfacht, ohne Zweifel wäre das mit den "perches" geschehen.

Die Rhoneebene ist ein Obst- und Gemüsegarten; besonders bekannt für Tomaten und Aprikosen. Für mich eine empfehlenswerte Art Letztere zu genießen ist der Aprikosenbranntwein ("Abricotine"). Ich halte den für interessanter als den hochgelobten, jedoch in anderen Gegenden genauso gut gebrannten "Williamine"-Birnenschnaps. Im Jura gibt es einen ausgezeichneten aus Wildzwetschgen: die "Damassine". Vom dort auch halboffiziell destillierten Absinth werden wir später noch reden. Und Jean Pierre Chevalley stellt in Puidoux über Vevey einen ausgezeichneten Apfelschnaps her, dem Calvados ebenbürtig, und hat (dort als "echter" eingeschmuggelt) auch Preise gewonnen.

In den Bauernhöfen vom Hinterland kochen die Frauen an langen Winterabenden den "Vin Cuit" (auch "La Raisinée"). Aus besonderen, frisch kaum essbaren

Äpfeln und manchmal auch Birnen presst man den Most, der im Kupferkessel überm offenen Feuer bis zu 24 Stunden auf ein Zehntel des ursprünglichen Volumens eingedickt wird. Diesen "Honig der Armen" verwendete man als Brotaufstrich, heute auch zu Vanilleeis, aber insbesondere zum Zubereiten der großartigen "Tarte au Vin Cuit". Für die wird der oben beschriebene eingekochte Apfel- oder Birnensaft, mit Rahm, Ei, Zucker und etwas Mehl "verdünnt", auf einen kurz vorgebackenen Kuchenboden gebracht und nochmals erhitzt.

Keineswegs ein Monopol für die Gegend sind die Spargel, aber im Wallis im Mai sind diese (gerade aus dem Feld gegenüber geerntet) mit einem etwas süßlichen Johannisberg (Sylvaner) eine geradezu himmlische Kombination!

Gutes Brot gibt es überall; aber hier verlangen Sie besser die Baguette "vaudoise" als die "parisienne". Oder gleich Bauernbrot, Halbweißes ("mi-blanc") oder das Walliser Nussbrot. Schließlich zwei Backwaren, die Sie in dieser Qualität zuhause wohl kaum bekommen: den Hefezopf und die Butterstangen ("la Tresse-" et "les Flûtes" au beurre).

Ganz unplanmäßig komme ich auf die Entrées im Menü zurück. Da könnte man ganz einfach einen "Walliser Teller" mit einer Auswahl von Trockenfleisch, Schinken und Käse oder einen gut angerichteten Salat empfehlen, vielleicht mit Löwenzahn und Speckwürfeln.

Hier habe ich natürlich nur ein paar Rosinen herausgepickt. Manch anderes gäbe es da noch zu vermelden; ich zähle einiges auf – und auch das ist unvollständig:

Jede Art Käse- und Gemüsequiches (Quiches au Fromage ou aux Légumes); Käseschnitten (Croûtes au Fromage); Panierte Käse (Tommes panées), die "Malakoffs"

etwa von der Côte aus Vinzel; Hüttensuppe (Soupe du Chalet, besonders im Kanton Freiburg); Fischklößchen (Quenelles de Poisson); Forelle oder Omble Chevalier mit Weintrauben, wie überhaupt Fischgerichte von den Seen; Gratin de Cardon (meist nur in Genf im Winter); Im Herbst das “Brisolée” mit Esskastanien, Käse und Speck.

Die “bénichon fribourgeoise” ist ein besonderes Kapitel und beinah schon in eine gelinde “Fresserei” ausartendes Erntedankessen nach dem Almabtrieb. Verständlich opulent nach den entbehrungsvollen Wochen auf dem Berg, besteht es traditionellerweise aus drei Vorspeisen, drei Hauptgerichten und vier Nachspeisen. Gegessen wird bis zum Platzen; getanzt und gesungen je länger es dauert; getrunken bis zum … So ungefähr sieht das aus:

Vorspeisen: “Cuchaule” (süßliches Hefegebäck, nicht unähnlich dem Panettone) mit dem Senf “de bénichon”. Siedfleischsuppe, Siedfleisch mit dem Gemüse.

Hauptgerichte: Schafsragout mit Büschelibirnen (eine Westschweizer Spezialität); Fleischplatte mit Geräuchertem aus dem Kamin (borne): Schinken, Speck, Zunge, Euter, Schweinswurst und Kohlwurst. Lammbraten mit Apfelbrei und Karotten.

Nachspeisen: Käse, wie Greyerzer, Etivaz, Freiburger Vacherin (nicht zu verwechseln mit dem “Vacherin Mont d’Or” aus dem Jura) und Tomme de Chèvre (Geißenkäse). Meringen mit dem fetten Greyerzer Rahm. Und schließlich Fastnachtsküchle, Brezeln (“bricelets” vom Eisen), Anisbrötchen, Löffelbisquits etc.

Nicht aufzählen will ich, was alles man dazu trinken kann. Über Weine reden wir im nächsten Kapitel.

Natürlich findet man hier auch die Internationale, Italienische, Französische, Griechische, Thai, Maghrebinische, Chinesische, Japanische, Deutsche usw. bis herunter zur MacDo-Küche. Aber, was ich durchaus als Beweis für die Qualität des Lokalen auslege: dies scheint sich ziemlich gut gegen eine globale kulinarische Übernahme zu verteidigen. Mehr und mehr werden bodenständige Produkte angeboten (Produits du Terroir).

Gericht … und Gerichte … !? Besteht ein Zusammenhang zwischen dem Essen, der zubereiteten Speise und dem Urteil und der Strafe?

Das "Etymologische Wörterbuch des Deutschen" erlaubt, wörtlich genommen, da beide Begriffe sich aus demselben Stamm ableiten lassen, die Schlussfolgerung, dass schlechtes Essen eigentlich bestraft werden muss.

In den Krisenzeiten von BSE-Kühen und Dioxin-Batteriehühnern, maul- und klauenverseuchten Schweinen und geschmacklos übergewichtigen, für monatelange Lagerung hinkonstruierten Früchten und Gemüsen sollten wir uns fragen, ob wir da nur den Bauern und der Industrie den Schwarzen Peter zuschieben oder ihn nicht besser eine Weile bei uns behalten sollten? Insbesondere jene, die kilomerweit fahren, weil bei einem "Billigen Jakob" das Pfund von Gottweißwas Liederlichem 99 Cents kostet, statt in einem vertrauenswürdigen Spezialgeschäft einsfünfzig. Das gewünschte Rabattprodukt musste vielleicht aus Gründen der Rendite mit Abfall oder Nachhilfe der Chemie in Rekordzeit aufgepäppelt oder gentechnisch auf Ertrag und Langzeithaltbarkeit geklont werden. Eben wie diese geschmacksneutralen Salatlappen und die gekochten schwammigen Phosphatschinken und Tomaten der

Marke “Rote Panzerfaust” mit eingegerbter Lederhaut, als müssten diese auch noch für nächste Generationen als Notration herhalten.

Der Italiener gibt von seinem Einkommen das Doppelte fürs Essen aus als wir Deutschen, und nun kommt ebenfalls vom Süden eine gute Nachricht, die nennt sich “slowfood”. Unter dem Signet der Schnecke ist es eine “Internationale Bewegung zur Wahrung des Rechts auf Genuss”. Diese will, dass wir dem Essen und Trinken wieder mehr Wichtigkeit beimessen, dass wir uns mehr Zeit nehmen für die richtige Auswahl der Waren, deren sorgfältige Herstellung und Zubereitung sowie respektvollen Verzehr. In diesem Sinne soll man auch das jahreszeitlich Vorhandene vorziehen (muss man wirklich “frische” Erdbeeren im November essen?), die Traditionen und den Eigengeschmack der Produkte beachten, genau so wie die Umwelt, die Natur und die Landwirtschaft.

Schließlich und keineswegs zu vernachlässigen: Das Essen soll gesellig sein und ein guter Grund zu frohem Zusammensein. Und wären die Ferien nicht der ideale Zeitpunkt dafür, auf alle diese Dinge zu achten?

Es wird Ihnen sicherlich aufgefallen sein, dass ich im “Geschichtskapitel” kaum etwas Spezifisches zur Welschschweiz (Romandie) gesagt habe. Das will ich jetzt, beschämt und über die Hintertür in die Wirtschaft schleichend, nachholen.

In vielen Orten werden Sie ein Restaurant oder ein Hotel finden, das sich zum “Major Davel” nennt. Und das ist der abenteuerliche und eigentlich nicht richtig in die Geschichte passende unglückliche welsche Volksheld, der am 24. April 1723 von den Berner Besetzern des Waadtlandes enthauptet wurde. Er ist in die Ahnengalerie der glücklosen Helden/innen wie Jeanne d'Arc und Michael Kohlhaas einzureihen.

Die Gegend hier wurde damals hin und her gerissen zwischen Savoyarden, Franzosen (Burgundern) und eben auch den nördlichen "ungeliebten" Nachbarn, den Bernern, die Mitte des 16. Jahrhunderts ohne viel Widerstand hier einmarschierten. Sie besetzten das Land, tauschten auch das Vatikanische gegen das Reformierte aus und bauten eine straff organisierte Administration auf, bei der die Romands ziemlich willig mitmachten. Und dem Land ging's dabei ganz ordentlich. Auch heute sagt man noch scherzhaft: "On est de Berne"; d.h. frei übersetzt: "Uns geht's gut", oder auch, "das Glück steht auf unserer Seite". Nach "Befreiung" war es da kaum jemand zumute.

Also, was ist da in den braven Major Davel, einer der vier von den Bernern eingesetzten Militärinspektoren gefahren, als er am 24. März unter etwas fadenscheinigen bzw. verschwiegenen Vorwänden drei Kompanien zum Marsch nach Lausanne aufrief? Seine eigenen Kollegen waren von Beginn an, nach bester Schweizer Manier, etwas stutzig geworden von wegen soviel hochfahrender Eigenmächtigkeit. Und als der Major am 31. März sogar die "gottgewollte" (denn wer sonst außer diesem und ihm selbst wollte die eigentlich?) Revolution gegen die Besatzer verkündete, da fand er sich gleich ziemlich schnell von den eigenen Leuten und allen guten Geistern allein gelassen. Und seine Vorgesetzten hatten nichts Besseres zu tun als ihn bei den Berner Exzellenzen zu verpfeifen.

Davel wurde auch gleich festgesetzt, in einem fast gähnend langweiligen Prozess, der aber nach damaligen Regeln korrekt und zügig geführt wurde, zum Tode verurteilt und in Lausanne-Ouchy einen Kopf kürzer gemacht. Erst hundert Jahre später kam es zur "Befreiung" von den bösen Bernern, diesmal wie es sich gehört auf gut schweizerische eher diplomatische Art. Trotzdem, man erinnerte sich plötzlich wieder an diesen Mann, der so bar jeder Vernunft und ohne saubere Analyse der Fakten etwas Außerordentliches gewagt hatte. Etwas, dessen absurde Schönheit eben gerade darin bestand, dass er sehr unhelvetisch jede Logik auf den Kopf gestellt hatte. Jetzt ist er zusammen mit dem während des Zweiten Weltkriegs dagegen sehr umsichtig und diplomatisch agierenden Oberbefehlshaber der Schweizer Armee, dem sehr lobenswerten General Guisan, der zweite Waadtländer Volksheld. Und ich meine, so unterschiedlich sie auch waren, sie haben es beide verdient. Verdient dagegen hat sich der General noch nicht die höchste Ehre, das heißt einen eigenen Wirtshausnamen. Was Sie, verehrte Damen und Herren, wenn Sie in einem Lokal "Major Davel" (zum Beispiel in Cully) einkehren, nicht abhalten sollte, dennoch einen Schluck sowohl auf den wirren Revolutionär als auch den kühlen Feldherrn zu trinken.

Und da wir auf Umwegen wieder in die welsche Geschichte geraten sind! Für mich eine der schönsten Stellen am See befindet sich auf dem Friedhof vom Weindörfchen Rivaz. Da steht auf einem einfachen Grabstein: Paul Chaudet, 1903 – 1977. Und nichts davon, dass er einmal der Präsident und der höchste Bürger der Eidgenossen war. Er war einfach Winzer, und das ist hier nicht der Erwähnung wert, womit wir auch wieder zum Kulinarischen zurückgekommen sind und gleich eine gute Überleitung gefunden haben zum Wein im nächsten Kapitel.

Nur dies noch: Falls Sie einen Führer durch die Welsche Restaurant-Landschaft suchen, dann kann man "Le Coup de Fourchette" (in jeder Buchhandlung zu haben) empfehlen. Schon deshalb, weil dieser neben den Gastrotempeln keineswegs die einfachen Bistros und Pinten vergisst.

8

Der Wein ist ein Kapitel für sich und Sie kommen gerade recht zur Probe!

In einem meiner Bücher ("Endlins Flucht") habe ich geschrieben:

Wir kamen wieder auf den Wein zu sprechen.

"Ob ich einen großen Keller hätte?", fragte er.

"Nein, vielleicht fünfzig Flaschen. Von den Reisen versuche ich immer ein paar mitzunehmen. Das Trinken versöhnt auch mit der Schlepperei. Und ich nehme es als Erinnerungshilfe, obwohl der Wein zu Hause immer etwas schaler zu schmecken scheint als auf der eigenen Erde."

Er fragte mich dann gradaus und etwas grob, ob ich mich denn bei Weinen überhaupt auskenne.

Das störte mich etwas und ich antwortete genauso direkt: "Ich weiß zumindest, was mir schmeckt!"

Da haben wir den Finger ins Glas getaucht bzw. auf die Wunde gelegt. Bei einem Kursus von gut zwei Dutzend Freunden des guten Tropfens mit gelernten Oenologen aus der Eidgenössischen Versuchsanstalt wurde offensichtlich, dass ausschließlich Letztere dank ihrer Ausbildung und Erfahrung die Materie beherrschten. Die anderen Teilnehmer hatten zur Not eine mehr oder weniger zutreffende Ansicht und vage Vorstellung von der Sache.

Deshalb meint auch der "Held" im Buch:

"Und ich trau', ehrlich gesagt vielen von diesen sogenannten Weinkennern sowieso nicht über den Weg. Das sind meist Schwätzer, die mit ihrem Gefasel über Jahrgänge, 'arômes de fleurs et de fruits', Barolo und Saint Emilion nur vertuschen, dass sie nie ein Gedicht von Benn oder Trakl verstanden, kein Klaviertrio von Brahms richtig angehört und Vermeers kleine gelbe Mauerecke von Delft oder Hoppers Salzstreuer in den 'Nighthawks' nicht bemerkt haben. Das Gerede vom Wein bleibt ihnen scheinbar der einzige, noch spaltbreit offenstehende Ausweg aus ihrer Mittelmäßigkeit. Aber sie kommen damit trotzdem nicht viel weiter."

Da entschuldige ich mich natürlich gleich bei allen die es besser wissen. Und rede weiter mit denen, die wie ich einfach Spaß an einem guten Glas haben und deren Freude am Wein ausreicht, um einen leichten Gamay vom Wallis vom schweren Merlot aus dem Tessin zu unterscheiden.

Ich sage es gleich: Ich trinke gern den Wein von hier.

Zuerst aber etwas Allgemeines: Die Schweiz ist ein Weinland; in allen Kantonen wird gekeltert, die fast unerwähnenswerte Ausnahme ist der Halbkanton Obwalden zwischen Luzern und Brünigpass. Die welschen Kantone Wallis, Waadt, Genf und Neuenburg stellen zusammen mit dem Tessin mit über 80 Prozent das bei weitem größte Kontingent.

In der gesamten Schweiz werden etwa 15 000 ha mit Reben bepflanzt, das bedeutet nur 5 bis 8 Prozent der landwirtschaftlichen Nutzfläche. Sie bekommen ein ganz anderes Bild vom "Rebland", wenn Sie von Genf aus den See entlang fahren und dann weiter durchs Wallis und

Zeichnung: André Paul

über den interessanten Nufenenpass sowie die Bedretto- und Levantinotäler ins Tessin.

Die Schweizer Winzer haben es aber versäumt, etwas für den Export zu tun und jetzt, da sie langsam aufwachen und sich drum kümmern, sind die Plätze meist besetzt. Nur 1 bis 2 Prozent des Weins werden exportiert; andere

Länder, wie etwa Frankreich, Italien, Spanien und selbst Deutschland, bringen es auf ein Viertel und mehr.

In meiner deutschen Heimatstadt war es unmöglich, eine Flasche Fendant oder Chasselas für ein Fondue aufzutreiben. Wenn ich mit welschen Winzern rede, dann sagt man mir, der Schweizer Wein sei viel zu teuer für die "Schwobe". Im Karstadt fand ich aber australischen Wein für 20 Euro, der sich nach Auskunft gut verkaufte. Darauf könnte ich nun eher verzichten. Und das mit deutschem Weißwein dann zubereitete Fondue war leider und wie zu erwarten nicht gerade überwältigend.

Natürlich ist anzumerken, dass der hiesige Wein früher kaum ausreichte, den eigenen abgeschotteten Markt zu sättigen. Mit der Lockerung der Zölle drängt aber viel Ausländisches in den Handel und hat inzwischen die 50 Prozent der Käufe schon überschritten, insbesondere bei den Roten.

Und heutzutage holen die Jüngeren lieber mal schnell im Supermarkt zwei Flaschen für die Einladung am Abend und lassen es an Patriotismus missen, während eher die älteren Semester traditionell bei "ihrem" Winzer kaufen.

Jetzt sage ich es in aller Deutlichkeit: Der Schweizer Wein ist von hervorragender Qualität "und s'Mäusle soll se beiße", wenn Sie hier einen Franzosen, Italiener oder gar Chilenen bestellen.

Ein Merkmal des Schweizer Weines ist auch, dass er zum großen Teil aus Rebsorten gekeltert wird, die durchaus ungewöhnlich sind. Die wichtigste Traube für den Weißwein ist der Chasselas (im Waadtland fast ausschließlich; im Wallis großteils, dort "Fendant" genannt), was im Deutschen "Gutedel" heißt, der aber nur in kleinem Umfang in Baden und im Elsass angebaut wird. Anderswo manchmal als Esstraube oder bestenfalls als drittklassiger "vin de table" zu haben. Das ist die Rebe für den in Frische, Säure und Gehalt ausgewogenen Weißwein, den ich am liebsten im Sommer trinke (und der unerlässlich ist für die Zubereitung und Begleitung eines guten Fondues). Es ist ein ehrlicher Wein, keiner, der sich mit Aromen aus der Parfumflasche großtut, der aber in Spitzenlagen wie aus dem steilen Dézalay oder den Hängen von Aigle und Bex gleichzeitig eine fantastische Fülle und Tiefe erreicht, ohne je schwerfällig oder gar klebrig zu werden. Einer, sagen die weisen Winzer, der gut ist zum Trinken und darüber zu reden, "pour boire et parler".

Suchen Sie hier nicht unbedingt einen Chardonnay oder Cabernet-Sauvignon. Auch den meiner Ansicht nach aus einem verunglückten Seitensprung von Riesling mit Sylvaner entsprungenen Müller-Thurgau gibt es hier kaum.

Dagegen bringt insbesondere das Wallis, aber auch das oft unterschätzte Genfer Rebland, Spezialitäten hervor wie etwa die "Petite Arvine" und auch einen außergewöhnlichen "Humagne rouge" (auch "blanc") sowie den roten "Cornalin" und "Syrah" und einen weißen "Malvoisie flétrie".

Beim Rotwein liegt aber das Hauptgewicht auf den aus dem Burgund stammenden Sorten Gamay und Pinot Noir (Blauburgunder). Die "assemblage" von mindestens 51 Prozent Pinot zusammen mit Gamay ergibt den sehr geschätzten "Dôle". Wenn sie einen kräftigen, fest gezimmerten Roten suchen, dann kann ich Ihnen auch einen Merlot aus dem nahen Tessin empfehlen (achten Sie aber auf das Gütezeichen VITI oder verlangen Sie gleich einen aus der "Cantina Sociale de Giubiasco".

Zeichnung: André Paul

Das Neuenburger Weinland ist vor allem deswegen interessant, weil es den Anbau der Gamayrebe kurzerhand verboten hat und sich neben dem weißen Chasselas ausschließlich auf den Blauburgunder und insbesondere den von der farbgebenden Haut schnell abgepressten "Rosé" (Rebhuhnauge = "Oeil de Perdrix") spezialisiert hat.

Die angenehmste Art den Wein hier zu kosten besteht sicher darin, einen der im Sommer überall gcöffneten dörflichen Winzerkeller (Caveaux) zu besuchen und dort, gegen Entgelt zwar, den Wein zu probieren. Natürlich hat man da nicht immer in der Hand, sich einen besonderen Hersteller auszusuchen. In den Weinorten sind die privaten Keller gut angezeichnet. Wenn Ihnen ein Winzer empfohlen wurde oder Sie den Mut haben (viel riskieren Sie dabei nicht) bei einem unangemeldet anzuklopfen, dann wird man Ihnen natürlich einen Probeschluck anbieten, aber auch damit rechnen, dass Sie ein Dutzend Flaschen mitnehmen. Barbezahlung ist die Regel.

Es gibt hier kein offizielles Ranking nach System der Bordeaux-Weine. Jede Buchhandlung hat den Weinführer der Region, die jedoch auch auf ein "classement" verzichten; das Siegel "Terravin" auf der Flasche gibt Sicherheit für den Waadtländer.

Besonders schön ist es, den "fröhlichen Weinberg" zu durchwandern. Und das natürlich zur Zeit der Traubenreife und der Lese. Bis zum Sommer hat er ja beinahe etwas Graues und Tristes, selbst die Traubenblüten machen sich fast unsichtbar, bevor dann im Herbst diese gewaltige Explosion von Frucht und Farbe ausbricht. Das Betreten des Weinbergs bedrohen Winzer und Gemeinden aber gerade dann (nur zum Teil verständlicherweise) mit horrenden Strafen.

Ganz stimmt das aber auch nicht; so organisiert zum Beispiel das "Office des Vins Vaudois" (aber auch die anderer Kantone) eine Reihe von Veranstaltungen, deren Daten und Eigenheiten in Broschüren beschrieben sind. Unter vielen Spaziergängen und Weinkellerbesuchen wäre die "Route Gourmande" in Chailly über Montreux erwähnenswert. Ein viereinhalb Kilometer langer Rundgang durch den Weinberg mit fünf eingelegten Verpflegungs- und Degustationsstationen. Nun leidet diese Veranstaltung Anfang September fast an ihrem Erfolg. Man muss sich frühzeitig anmelden und nur die ersten 2000 werden berücksichtigt. Auch werden kombinierte Schifffahrten und Kellerbesuche mehrfach im Jahr durchgeführt.

Sie sollten es ausnützen, die gut ausgeschilderten "Weinstraßen" abzufahren. Diese gibt es im Genfer Hinterland; an der "Côte" zwischen Rolle und Lausanne; die "Corniche" zwischen Lutry und Chexbres und im Wallis. Ganz besonders empfehlen mag ich auch eine Weinreise in den Waadtländer Norden; zur Côte de l'Orbe, Bonvillars und um den Neuenburger See bis ins Vully. Die Weine von dort, manchmal fast vergessen (insbesondere von Touristen), sind so etwas wie ein Geheimtipp.

Ein Bedauern am Ende. Natürlich gibt es im Weinland des Bordelais große Namen, große Weine und große Schlösser. Man übersieht jedoch im Allgemeinen, dass es dort auch mittelmäßige Weine und Namen von Schlössern gibt, die es in Wirklichkeit gar nicht gibt! Denn wenn man auf einem Gewann drei Steine findet, dann kann man sich daraus schon ein Schloss erfinden und einen Namen dazu. Nun gibt es hier an der Côte eine Reihe von wunderbaren, wirklich existierenden Weinschlössern, die sich aber eher dezent vor dem Publikum verbergen. Das ist eigentlich schade.

Dagegen ist das aufgeschlossene Weinmuseum (und der Weinetiketten) im idyllisch gelegenen Schloss Aigle für Ihren Besuch zu empfehlen.

So komme ich ans Ende dieses kurzen Kapitels mit dem unguten Gefühl, dass das unerschöpfliche Thema "Wein" nur gestreift wurde. Doch als reiner "Amateur" ist mir eigentlich jedes Wort zu viel, wenn ich mich in einem "caveau" vor eine gute Flasche setzen und ganz still ein Gläschen genießen kann.

9

Jetzt sind wir bereit für eine Seefahrt. Und obwohl ich schon hundert Mal

in meinem Boot über das Wasser gerudert bin, muss ich gestehen, dass der See für mich ein Rätsel bleibt und ich deshalb über ihn auch keinen zusammenhängenden Film zeigen kann, sondern nur einen kurzen Bilderbogen skizzieren.

Ein erstes Bild:

Dic acht fantastischen Raddampfer, die in Formation vorm Schloss Chillon vorfahren.

Da mögen Sie einwenden: "Was ist das schon Besonderes: "Raddampfer"! Das haben wir schließlich auch bei uns auf dem nahen See oder Fluss, und an der Küste sowieso!"

Einen Augenblick! Haben Sie das wirklich? Sie haben vielleicht "Schiffe". Ich aber habe "Rad-Dampfer" gesagt, d. h. mit "Rad" und "Dampf". Also Schiffe mit Schaufelrad als Fortbewegungsmittel und mit Dampf angetrieben. Schaufelräder haben sie alle acht: Die "Suisse", die "Rhône", die "Savoie", die "Simplon", die "Montreux", "Vevey", "Italie" und die "Helvetie". Nur was den Dampf angeht, greife ich da im Augenblick etwas vor. Die drei Zuletztgenannten laufen nämlich immer noch mit Dieselmotoren. Die ursprünglichen Dampfmaschinen hat man dummerweise in den Sechzigerjahren durch "moderne" Aggregate ersetzt, aber man ist zum Glück dabei, im Laufe der Zeit wieder auf klassischen Dampfbetrieb zurück zu rüsten (wie bei der "Montreux" schon geschehen). Dann wird die in der Welt großartigste "Belle Epoque" Raddampferflotte auf dem See noch imposanter werden. Und jeder, der hierher kommt und keine Reise damit tut, der kann nicht nur weniger erzählen, sondern der ist schon ein bisschen einfältig, dass er sich dieses Erlebnis hat entgehen lassen.

Und noch einen Rat: Lassen Sie sich vom Regen nicht abschrecken, denn der See ist erstaunlich unempfindlich gegens schlechte Wetter und zeigt nur andere Bilder als Sie erwartet haben. Ein Bekannter von mir, sehr "british", macht mehrfach im Jahr die Reise wenn es nieselt und es trüb ist; wetterfest angezogen, mit Sektfrühstück an Bord und fast allein in Wind und Regen. Er sagt dann: "Das ist der Sommerseeausflug eines Gentleman. Und mit sehr wenig Imagination kann ich mich beim Fastnet oder vor den Shetlands fühlen."

Aber ich bin schon mit Ihnen einverstanden, dass bei Sonne ins gleißende Wasser und die prachtvoll aufsteigenden Rebberge zu sehen schon einen besonderen Reiz hat. Und Nebel hat denn doch weniger Freunde und auch Dandies werden offenbar immer seltener.

Wenn es in Ihr Budget reinpasst, leisten Sie sich die geruhsamere erste Klasse und essen Sie an Bord. Das ist nach meiner Erfahrung gut; die Bedienung zu "Hochzeiten" oft etwas weniger. Oder machen Sie eine der vielen angebotenen Sonderfahrten. Und schließlich, da Sie ja unendlich viel Zeit haben (sollten), nehmen Sie ein Schiff, das an möglichst vielen der kleinen Häfen anlegt. So können Sie die meist sehr hübsche Uferseite der Orte gleichzeitig mit besichtigen. Und wenn Sie das Glas Weißwein genießen, dann können Sie bei gutem “timing” gerade dem Rebberg zuprosten, der Ihnen diesen Tropfen hergegeben hat.

Sind Sie speziell an der Technik der Boote interessiert, rufen Sie der Kompanie (CGN) an und versuchen Sie einen Besuch in der Werft in Lausanne zu organisieren. Das klappt oftmals.

Nur ist es mir eigentlich unverständlich, dass diese im gleichen Aufwasch mit der “Wiederunterdampfsetzung” der Flotte das riesige Dieselpropellerschiff “Lausanne” erworben hat, das außerdem im Liniendienst offenbar gar nicht effizient eingesetzt werden kann und das sich darauf beschränkt, hochmodern hässlich zu sein und sangeslustige und trinkfeste Firmengeburtstagler und Kongressbesucher kollektiv herum zu schippern.

Das erinnert mich an den Spitznamen “Die Cremeschnitte”, mit dem der Volksmund ein ähnliches Dreietagenmonsterschiff auf dem Zuger See taufte, das, wie die “Lausanne”, wohl besser nach Genua, Miami oder Shanghai gepasst hätte.

Zweites Bild:

Ich bin hoffnungslos Binnenländer und mein einziger längerer Ausflug auf einem Segelschiff im Mittelmeer war eine Mixtur aus Sturm und davon begleiteter Übelkeit, der Unfähigkeit, Knoten und deren Anwendung schnell genug zu kapieren, sowie die Unannehmlichkeit wie Ölsardinen nebeneinander in der engen Koje eingelegt zu schlafen (oder das zumindest schon mal versuchen).

Trotzdem, vom sicheren Ort aus ein Boot unter vollen Segeln, vielleicht sogar mit buntem Spinnacker im Wind liegen zu sehen, das ist auch für mich ein bewegender

Augenblick. Und dabei könnte man es eigentlich bewenden lassen.

Aber noch eine Steigerung ist es, eine der alten Barken wie die "Neptune" (Genf) oder die "Vaudoise" (Lausanne) unter ihren Lateiner Segeln zu bewundern. Die erste hat man nach alten Plänen nachgebaut, die zweite quasi vom Wrack aus wieder hochgepäppelt. Mit dem Bild des Boots erhält der ganze See dann einfach noch eine andere Dimension. Man bleibt natürlich hier auf dem Wasser, ist aber gleichzeitig in Gedanken zu den Fellachenbooten auf den Nil versetzt oder sieht vor undenkbarer Zeit der lähmend langsamen Fahrt irgendeiner mythischen Gottheit auf Euphrat und Tigris zu.

Es gibt für Sentimentale und der guten alten Zeit auf dem See Nachtrauernde eine Regatte alter Boote in La Tour-de-Peilz am letzten Wochenende im Juli. Für einen Ausflug können Gruppen auch eine der alten Barken (plus Besatzung) wie die "Neptune" oder die "Vaudoise" mieten. An mehreren Orten am See werden jetzt wieder Segelschiffe "von früher" gebaut: in Morges, Villeneuve, auch auf der französischen Seite. Diese werden dann zur Unterhaltung der Touristen auf dem See kreuzen. Garantiert wird man auch genug Platz darauf finden für den "Weißen" von der Côte und dem Lavaux, Brot aus dem Holzofen von Echallens, Käse aus Gruyère und die gute Wurst von Payerne.

Darüber können wir einfach vergessen, dass diese Barken früher keineswegs Vergnügungsschiffe waren; noch nicht einmal für den Personentransport gebraucht wurden. Es waren Lastkähne, und jene Menschen, die damals bis zu 100 Kubik Steine aus den Brüchen von Meillerie ein- und in Genf wieder ausluden über leichte zur Not die

Schubkarren tragende Planken, die hatten wohl kaum viel Spaß darauf.

Übrigens, die gute alte Zeit! An die 100 Menschen sind bei Unfällen der Dampfschiffe schon umgekommen. Und auf den Lastschiffen vorher waren es sicher genau so viele. Sowie manch ein Schwimmer, Fischer und Segler; denn der See ist nicht immer nur freundlich und gibt manchmal denen eine Lektion, die ihn nicht ernst nehmen wollen.

Drittes Bild:

Es ist fast unverständlich, wenn man ihn mit Boden-, Chiem-, oder Zürichsee vergleicht: Dieser See ist meist leer. Natürlich, für die Segler ist es oft nicht einfach und

Flauten sind fast die Regel. Und wenn der Wind dann aufwacht, dann ist er meist störrisch, kommt oft schnell, unerwartet und wirbelt das Wasser gefährlich auf. Mehr als ein gutes Dutzend Namen haben die Leute, die sich auskennen, für die Winde hier, die von überall herkommen können.

Ist das der Grund, dass die Besitzer ihre Boote so oft am Ankerplatz liegen lassen? Mir soll es recht sein, wenn ich frühmorgens über den verlassenen See rudere und nur ein Fischer legt weit weg die Netze aus.

Nur einmal im Jahr, da quirlt und wuselt es von Segeln, wenn Ende Juni das Rennen von einem (Genf) zum anderen Ende (Bouveret) des Sees hin und zurück stattfindet. Der "Bol d'Or"! Das muss ein großes Ereignis für die Mannschaften sein, aber selbst für die Zuschauer wie mich. Man sagte mir, dass auch auswärtige Sportler an diesem Ereignis teilnehmen können.

Viertes und letztes Bild:

Erwähnte ich schon, dass es nicht immer ganz einfach ist vom See aus aufs Land zu schauen? Es verlangt fast seherische Fähigkeiten. Das heißt, man sollte es sich einrichten, aus dem Bild einfach die weniger schönen Stellen und Abschnitte auszuradieren. Jene, die eine Störung des Harmonischen, eine Flagration des Goldenen Schnitts darstellen.

So können wir, auf der Terrasse eines hässlichen Betonklotzes stehend, diesen einfach ignorieren, weil wir von ihm aus weg schauen. Und die ruhig ausgebreitete Fläche vom See besänftigt unseren Blick sowieso. Andererseits, wie können wir das Scheusal vom Wasser her aus den Augen verlieren und übersehen?

Da sind es eben diese zwei spitzigen Hochhäuser in Montreux (die die Stadtverwaltung sich unverständlicherweise weigert sprengen zu lassen), bei Chillon schlitzt die Autobahn den Berghang auf und über Lausanne, vom See aus gesehen, thronen ganz oben nicht die himmelstürmenden Pfeile der Kathedrale, sondern hockt der plumpe Klotz der Universitätsklinik.

Also, wenn Sie das vom Schiff aus betrachten, dann sollten Sie versuchen, diese einfach zu übersehen.

Persönlich eliminiere ich in Montreux das Überspitzte der Hochhäuser und Ausgestreckte der Autobahn. Einfach ausradieren! Dann, nach Vevey in Richtung Lausanne haben wir den schönsten Blick auf die steilen Abhänge des Lavaux Rebbergs. Dass man nun "DEZALEY" in großen Buchstaben an den Berg hat kleben müssen, als Abklatsch von "HOLLYWOOD" in L.A., das will mir zwar nicht unbedingt einleuchten. Hier will ich aber "en passant" nochmal des braven Franz Weber gedenken, der mit seiner Aktion "Rettet das Lavaux" diesen Abschnitt immerhin vor den gierigen Klauen der Baulöwen gerettet hat.

Das Dorf Cully und seine angenehme Seeseite ist beruhigend schlicht und jedesmal wenn ich da vorbeifahre tut es mir Leid, nicht ausgestiegen zu sein und mich für einen guten Monat dort eingemietet zu haben.

Je näher man gegen Lausanne kommt, desto aufdringlicher werden die Ecken von Villen und Mehrfamilienhäusern. Man könnte die Zeit des Vorbeifahrens an dieser nicht immer interessanten Kulisse auch zu einer anderen Tätigkeit als zum Schauen benutzen. Zum Beispiel, um sich ganz dem Wein, dem Essen und seiner hübschen Begleiterin zu widmen.

Bei St-Sulpice und Morges kommen wir in die schöne, sanft ansteigende Côte mit ihren weichen Übergängen von See über Wiesen, Wein und Hochmatten zum dunklen Jurawald.

Vor Genf beginnt es sich zu bevölkern auf dem See; die Fontäne jagt das Wasser hoch zum Empfang und wir legen an am Quai Mont-Blanc (ungefähr dort, wo Sissi vom Anarchisten Luccheni erdolcht wurde). Manchmal bedaure ich dann schon, etwas Kritisches (wie im nächsten Kapitel) über diese Stadt zu schreiben, die für mich doch die einzige richtige "Schweizer Weltstadt" ist. Worüber ich mich gleich, aber nur halbherzig, bei Zürich und sogar ein bisschen bei Bern und Basel entschuldige.

Beinahe hätte ich etwas Praktisches vergessen:

An allen Bahnhöfen und Schiffsanlegestellen und meist auch auf dem Schiff selbst kann man einen Regionalpass erstehen, nach dessen Erwerb Sie mehrere Tage freie Fahrt haben im Zug, mit dem Dampfer, im Bus und sogar mit manchen Seilbahnen.

PINTE BESSON
MAISON
FONDEE
en 1780
PINTE
BESSON
GRANDS

10

In der Nähe wollen wir zwei Städte entdecken.

Da ist Lausanne: hochinteressant und so schön unübersichtlich. Und dann Genf: mit Calvin, Rosen und dem Roten Kreuz. Ja, wie lernt man am besten eine Stadt kennen? Jener weitgereiste Mann meinte, dass er entweder nur zwei Stunden oder mindestens zwei Monate drin bleiben müsse, um wirklich zu verstehen. Ein paar Tage nützten ihm dagegen recht wenig; ihr Innerstes, Geheimnisvollstes würde er ja so doch nicht entdecken. Und es könnte sogar den ersten, vielleicht trotz seiner plakathaften Oberflächlichkeit intuitiv richtigen Eindruck wieder verwischen, ohne dass es gelänge, diesen durch etwas Besseres zu vertiefen. Und wenn er wenig Zeit habe, dann gehe er nicht nur zu den Kathedralen und Palästen; sondern auch in eine Pinte der Altstadt. Da könnte man gegen jede Vernunft die unsinnige Hoffnung haben, hinter der Theke und im Gespräch mit einem halbbetrunkenen Gast das Genie des Orts, den "genius loci", zu begreifen. Ich bin selbst ein miserabler Besucher von Sehenswürdigkeiten, Auswendiglerner von Entstehungsdaten und architektonische Prinzipien kann ich mir schon gar nicht merken. Und wenn schon, dann gefallen mir eingefallene Kirchen wie die von Beauvais oder eine nie vollendete wie die "Sagrada Familia" in Barcelona genau so gut wie die perfekten Tempel.

Ein anderer großer Reisender meinte, dass er jene Städte möge, die sich aus seinem Gedächtnis wieder langsam auslöschten wie eine weichgezeichnete flimmernde

Fata Morgana. Und was er noch als Letztes aufhebe, das sei der rauhe Geschmack von einem Glas Weißwein, den man in einer unbekannten Kneipe einer Nebenstraße getrunken habe, und das Geschrei der Kinder aus einem Hinterhof. Den ranzigen Ölgeruch einer Fischküche. Aber kein Parfum aus den Boudoirs der Schlösser und Weihrauchschwaden von der Sakristei.

So versuch' ich Ihnen ein paar Orte auf meine irrationale und manchmal wohl etwas chaotische Weise näher zu bringen.

Lausanne

Obwohl so nah bei mir gelegen, ist mir diese Stadt immer etwas unbegreiflich und etwas rätselhaft geblieben. Schon die Lage und Konstruktion hat etwas Labyrinthisches. Sie ist für mich, der aus einer flachen, dazu noch nach geometrischem Muster angelegten Stadt kommt, ziemlich unverständlich. Sie hat nichts Steiles, wie z. B. in Fribourg, oder einen Fluss wie in Bern, einen See fast mittendrin wie in Genf; kurz etwas, an das man sich halten könnte. Es ist hier eine Wellenschaukel, eine verschlungene Achterbahn mit oft überraschender Doppelbödigkeit und fast ohne Orientierungshilfe. Jetzt noch, nach Dutzenden von Jahren in der Gegend, kann ich mich hoffnungslos (insbesondere im Auto) drin verirren und verlieren. Natürlich, zwei, aber nicht immer hilfreiche Orientierungshilfen gibt es schon: Die Stadt fällt letztlich ab gegen den See und oben ist die schöne Kathedrale (und darüber eben der erdrückend-grobe Quader der Uniklinik).

Die Stadt entspricht hier wohl den Menschen; etwas verwunden, abwartend und nicht bereit, alles gleich preiszugeben. Der Waadtländer deckt nicht alle Karten auf. Ein französischer Komiker portraitierte sie einmal so. Sie sagten nicht: "Je fester man in die Pedale tritt, desto weiter kommt man voran". Sondern: "Je weniger stark man sich beim Treten zurückhält, desto kürzer wird man hinter den anderen zurück bleiben". Vielleicht hat zu dieser Attitüde auch die massive Einwanderung im 17. Jahrhundert der wissensreichen, kühl kaufmännischen und gut rechnenden Hugenotten aus der Lyoner Gegend beigetragen. Zweitens, dass früher viele der angehenden hiesigen Advokaten, Ärzte und Assessoren in Tübingen, Freiburg oder auch Heidelberg das Deutsche studierten und von dort die heutige Generationen mittragende deutsche Großmutter heimbrachten. Schließlich, dass jeder rechte "Vaudois" auf seine bäuerlichen Vorfahren stolz ist und auch weiterhin so reagiert, selbst wenn die ländlichen Wurzeln längst ausgegraben und vertrocknet sind. "Stadtbauern", sagte Chessex.

Also! Eine ganz einfache Linie durch die Stadt kann ich Ihnen nicht anbieten. Es gibt aber doch ein paar Wege, die Sie schon einmal abgehen könnten, selbst wenn Sie dabei etwas ins Schwitzen geraten. Ich fange mal am Bahnhof an (als Fremder Auto fahren in Lausanne erscheint mir ein ganz hoffnungsloses Unterfangen).

Falls Sie jetzt schon Hunger haben sollten oder sich vor dem Spaziergang stärken wollen ist ein Restaurant im Bahnhof (wenngleich man das altmodische "Buffet de la Gare" zweiter Klasse inzwischen leider in ein moderneres, aber trotzdem noch erträgliches Bistro umgemodelt hat). Gediegen das der ersten Klasse wie auch andere Bahnhofswirtschaften in der Schweiz und mit einer erstaunlichen Weinkarte.

Auf der anderen Seite vom Bahnhofsplatz steigt man in die "Petit Chêne" ein und auf; nichts Besonderes hier, außer der Anstrengung; dann kommt man an einen flachen Absatz, den Platz mit der St-François-Kirche, und das ist auch der erste wichtige Kreuzpunkt, von dem aus man in die verschiedensten Richtungen abschweifen kann. Wir überqueren und kommen an den schönen Uhrengeschäften vorbei zum zweiten Aufstieg, der "Rue du Bourg", das ist die verschwiegene kleine Prachtstraße der Stadt. Halten Sie den Geldbeutel Ihrer Frau fest im Auge. Am Ende der Steigung, leicht gegen links gewendet, kommen Sie auf eine Brücke (Pont Bessières) und von dort haben Sie den ersten guten Blick auf die Stadt und ihre Unebenheiten. Auf der anderen Seite gelangen Sie in die Altstadt (la Cité). Diese lasse ich Sie selbst entdecken mit der Kathedrale und ihren sehenswerten Glasfenstern, dem bedeutendsten gotischen Bauwerk der Schweiz, und darum herum viel Schönes und Geruhsames, wie auch das interessante Historische Museum zur Stadtgeschichte. Ich bin sehr gerne hier, sitze auf einer Mauer oder einer Bank und schaue einfach irgendwohin. Wenn Sie Glück haben, dann findet abends in der Kathedrale ein Chorkonzert mit dem fantastischen "Ensemble Vocal et Instrumental de Lausanne" des genialen Michel Corboz statt (wenn nicht kaufen Sie sich als Erinnerung zumindest eine seiner CD-Aufnahmen, vielleicht die von einem meiner Lieblingsstücke: der Petite Messe Solennelle von Rossini oder Mozarts Requiem). Wenn Sie weiter nach oben über die Stadt wollen, dann suchen Sie vorerst den kleinen Abstieg in Richtung Place du Tunnel und folgen dann dem Fußweg hoch zur "Hermitage", dem kleinen schönen Museum im Park, wo möglicherweise gerade eine interessante Ausstel-

TUBORG

lung stattfindet. Ein hübsches kleines Café, auch zum Mittagessen, befindet sich daneben. Sie können aber auch weiter spazieren und etwas weiter oben im "Chalet Suisse"-Restaurant ausruhen und sich erfrischen mit einem Glas kühlen Weißwein von der "Côte". Das wäre sozusagen eine Lausanner Eigernordwand.

Auch in der Cité und darunter, Richtung Tunnel, gibt es eine Reihe von netten Restaurants und Wirtschaften mit meist sehr sozialen Preisen und mehrheitlich jugendlichem Publikum in ausgelassener Atmosphäre (zum Beispiel das "Le Lausanne-Moudon", das "Helvétia" usw.). Machen Sie sich die Wahl nicht schwer und bestellen Sie mittags den "plat du jour".

Es ist möglich von der Hermitage mit dem Bus Nr. 3 zurückzufahren an den Bahnhof oder noch besser mit Linie 16 bis St-François. Sie können auch beim Fahrer bezahlen; aber besser nicht mit Hundert-Franken-Scheinen. Das ist überhaupt eines der nützlichsten Dinge beim Reisen: nämlich immer eine Handvoll Kleingeld in der Tasche zu haben.

Jetzt könnten wir den unteren Teil der Stadt ansehen; sozusagen die Riviera- und Schokoladenseite. Am einfachsten ist es wieder, gegenüber vom Bahnhofsplatz oder bei St-François die kleine Métro (hier sagt man dazu die "ficelle" gleich "Schnur") bis nach Ouchy am See zu benutzen. Ich mag, ehrlich gesagt, ganz gern dem Fußweg folgen, der – zwar nicht ganz durchgehend – der Bahnlinie entlang führt, die ab Bahnhof nicht untertunnelt ist. Nichts wirklich Großartiges ist da zu bestaunen; es ist bei schönem Wetter ein angenehmer Spaziergang durch das bürgerliche Lausanne. Unten am See können Sie gegen Osten in Richtung der Reihe großer Hotels gehen, von denen das "Beau Rivage Palace" eines der exklusivsten der ganzen Schweiz ist. Wenn Sie dort auf der Terrasse der Weinbar – bei durchaus vertretbaren Preisen – sich bei einem guten Glas Dézaley ausruhen, dann versäumen Sie nicht, die Toilette im Innern des Hotels aufzusuchen. Einem natürlichen Bedürfnis folgend, aber auch um sich auf dem Weg wie zufällig in diesem fantastischen Bau mit seinen ungeheuren Sälen, Treppenaufgängen und Korridoren ein bisschen zu "verirren". Wenn Sie dann an der Rezeption einen Prospekt verlangen, haben Sie vielleicht das Glück, von Fräulein Carline Küffer bedient zu werden, die zur besten Schweizer Empfangsdame gekürt wurde.

Weiter nach links geht es dann zum Olympischen Museum, das Sie nur dann unbedingt sehen müssen, wenn Sie alte Schlitten, die Rückseite der Medaillen und andere "olle Sport-Kamellen" anschauen mögen und mit dem doch ziemlich saftigen Eintrittsgeld die arge Not leidende Equipe des IOC unterstützen wollen. Ich finde es hundertmal interessanter, in der Weinbar vom "Beau Rivage" für ungefähr das gleiche Geld mir noch ein zweites Glas, diesmal vielleicht Aigle oder Bonvillars, zu gönnen und dabei die manchmal doch etwas arrogante bessere Lausanner und internationale Gesellschaft zu beäugen. Aber halten Sie das, wie Sie wollen.

Ich gehe gern auch am Wasser entlang in die Richtung von Genf; am Anfang ist der Zugang noch versperrt von Parkplätzen und kleineren Ausstattern von Schiffen, auch Sand- und Kiesablagen, die man – nehme ich an – leider vor dem Vogelschutzgebiet der Grangettes aus dem See geschürft hat und damit ein paar Quadratmeter Schilf-Flächen ertränkt. Dann kommt man am Liegeplatz und an den Werkstätten der CGN vorbei (der Schifffahrts-

Gesellschaft auf dem See), und obwohl man auf Schildern auf das Verbot des Eintritts ins Gelände von nicht Befugten hinweist, scheuen Sie sich nicht reinzuschauen. Sollten Sie angesprochen werden, dann weisen Sie sich als großer Liebhaber von Dampfschiffen und die christliche Seefahrt betreffendem aus und man wird Ihnen vielleicht sogar weiterhelfen.

Etwas weiter ist dann ein großes Schwimmbad und es mag sein, dass Sie Lust haben da hineinzugehen, um sich zu erfrischen, anstatt in der Hitze weiterzulaufen. Es ist auch eine gute Idee, diesen Spaziergang nicht in der größten Mittagshitze zu unternehmen. Denn in Lausanne regnet es manchmal im Sommer und entsprechend angezogen macht es genauso viel Spaß am See entlang zu spazieren wie bei blendendstem Hochdruckwetter. Im Gelände, in das Sie jetzt gelangen, fand 1964 die Schweizer Landesausstellung statt und das ist sicher der Grund, dass es angenehm grün und unverbaut weitläufig geblieben ist, dem Zugriff von Immobilienhyänen und Hypothekenfressern gerade noch rechtzeitig entzogen. Es ist schön, hier immer weiter zu spazieren oder auch zu joggen, skaten oder Rad zu fahren. Das Ufer ist nicht wie im offiziöseren Ouchy, Montreux und Vevey mit Quaimauern verbetoniert. Man sieht noch die Wellen im Sand auslaufen. Rad fahren ist besonders lässig hier; diese kann man an verschiedenen Stellen der Stadt ausleihen. Dann findet man sogar einen Sandstrand "im Grünen", wo ich mich wohler fühle als zwischen endlosen Liegestuhlreihen in Rimini.

Ein letzter Vorschlag: Vom vorher erwähnten St-François-Platz am Eingang zur Rue du Bourg gleich steil nach links runter gehen und die Straße überqueren, dann wie-

der ein Stück hoch steigen zum schönen Rathausplatz (Place de la Palud). Auch in diesem Viertel viele Geschäfte und Warenhäuser. Dann halten Sie sich eher links, bis Sie ans "Métropole"-Hochhaus kommen. Dort ist ein Theater mit dem Sitz zweier weltweit (neben Corboz, den ich schon genannt habe) führender kultureller Institutionen: das Ballet Béjart und das Kammerorchester Lausanne. Letzteres gibt oft auch Konzerte über Mittag. Erkundigen Sie sich. Lausanne hat also drei "Kunstensembles" von absoluter Weltklasse! Übrigens leitet der deutsche Pianist Christian Zacharias zur Zeit das Orchester.

Von dort möchte ich Ihnen vorschlagen, einen Abstecher ins eher unschweizerische "Flon" zu machen; das liegt unterm Métropole im Loch. Es ist das "unfeine" Gebiet der ehemaligen Lagerhäuser und Endstation einer Kleinbahn, die aus dem Hinterland die Nahrung in den Bauch der gefräßigen Stadt brachte. Hier ist jetzt so etwas wie ein alternatives, fast "underground"-Leben entstanden, das sich als erstaunlich resistent erweist. Die Stadtverwaltung versucht nämlich seit einem guten Dutzend Jahren, gestützt auf von internationalen Stararchitekten ganz großartig vorgeschlagenen "Verschönerungen" (was inzwischen allein schon ein Vermögen gekostet haben muss) dieses Gebiet zu "sanieren". Aber obwohl man betoniert, scheint die Gesundheit des Alternativen und Ungeplanten nicht ganz zu brechen zu sein. Geschäfte, Vergnügungstempel bzw. -schuppen, Galerien haben sich festgesetzt, deren Existenz inzwischen offenbar selbst von den Stadtvätern, wenn auch etwas zähneknirschend, akzeptiert zu werden scheint.

Hier hat die Entwicklung des Ephemeren zum Definitiven Ähnlichkeit mit dem, was jenem potemkinschen

Dorf passierte, das man eigentlich nur zum Vorzeigen für eine Zarin notdürftig als Attrappe aufstellte. Das sich dann aber ganz unvorhergesehen zu einem wirklichen Städtchen mauserte, weil man die rührigen Zimmerleute abzuholen vergaß, aus der Kantine ein Gasthof wurde und aus manchen Marketenderinnen Mütter. Für die Kinder brauchte es aber eine Schule und Lehrer dazu, und da man schließlich was essen musste, zogen noch ein paar Bauern her.

Erwarten Sie aber nichts Besonderes oder gar ein Lausanner Soho oder Southern Bronx; es ist einfach ein wohltuendes Beispiel der hier in der Gegend doch nicht immer geschätzten Alternative und Andersartigkeit. Es gibt dort das MAD, eine der sicher verrücktesten Discotheken der Schweiz. Obwohl eigentlich nur für Mitglieder zugänglich, wird man Sie gegen entsprechende Zahlung einlassen, wenn Sie sagen, dass Sie extra aus Düsseldorf angereist seien. Aber Vorsicht; das ist ein Platz für eher junge Leute und Sie könnten auch in ein speziell für Homosexuelle organisiertes Konzert oder in ein Spektakel hineingeraten, in dem die Räume mit Seifenschaum geflutet werden! Keine Angst, oben auf der gegenüberliegenden Seite "des Lochs" liegt das "Palace Hotel", auf dessen sanfter Terrasse Sie brav Tee trinken können.

Eines darf ich auf keinen Fall vergessen zu erwähnen. Es ist für mich neben dem Basler Tinguely Museum das interessanteste und emotionalste der Schweiz, das der "Art Brut", gegenüber dem Palais de Beaulieu. Dort sind die Werke der Schaffenden ausgestellt, die keinen akademischen Titel vorweisen können. Wie von jenem, der mit dem abgebrochenen Löffelstiel Reliefs in eine verschlossene Türwand ausgekratzt hat. Der Blinde, der ungeheure

Spielzeuge bastelte, oder eine, die sich Kleider stickte aus tausend Fadenenden oder jene Andere, die damit wieder alles Greifbare einwickelte.

Auf halbem Weg des vorgeschlagenen Fußwegs nach Ouchy findet man das manchmal bemerkenswerte Ausstellungen zeigende Photomuseum Elisée.

Meine Lieblingsrestaurants: Mittags “Le Bleu Lézard”, studentisch, übervoll, oder die anderen Lässigen in der Cité oder am Place du Tunnel. “Da Geppetto” unterm Bahnhof, ein guter Italiener; “La Petite Grappe” (bei Rue du Bourg), Businesspeople beim noch erschwinglichen dezenten Mittagessen. In den Touristenbeizen an der Ouchy-Promenade bin ich eher nachlässig bedient worden, und so kann ich diese nicht empfehlen. Abends “L’Ardoise” vom Hotel Carlton, mittelteuer, mit einem Hauch französischer Nonchalance und den weißen Schürzen der “garçons”. Natürlich und abschließend das Café Romand, wo man, wie man behauptet, das Käsefondue erfunden hat. “La crème de la crème” ist natürlich das unsinnig teure und exquisite Restaurant von Rochat (ex Girardet) in Crissier, von dem mancher Gastroexperte behauptet, es sei vielleicht das beste der Welt.

Tolle Atmosphäre in der Altstadt (Cité) eine ganze Woche lang beim “Festival de la Cité”, meist in der zweiten Juliwoche. Da scheinen die Lausanner plötzlich ganz aufzutauen; selbst wenn’s mal zwischendurch regnet.

Jazz im “Chorus” und manchmal Rockkonzerte, Ramazzotti oder Bon Jovi im “Stade de la Pontaise” oder etwas weiter weg in der Genfer “Arena” am Flugplatz.

Genf

Natürlich sollte man angemessenerweise Genève dazu sagen, jedoch bei der dort hochgehaltenen Internationalität wird die Stadt wohl auch ohne Murren Genf, Geneva, Ginebra vertragen können.

Gleich muss ich zugeben, dass mir der Geist von Genf nicht besonders zusagt; Sie müssen sich aber meine kritischen Bemerkungen keineswegs zu eigen machen.

Schuld daran hat insbesondere Stefan Zweig und sein Roman vom armen Castellio und Servet. Beide hat in Genf der ebenso fanatische wie protestantische Großinquisitor Calvin rücksichtslos verfolgt und den Zweiten zur "Rettung der reinen Lehre" sogar verbrennen lassen. Diese Aktion war eher unschweizerisch; aber der Calvin war ja gottseidank ein Franzos'. Damit war für mich der Wert einer der wenigen Trumpfkarten der Protestanten etwas angekratzt. Das heißt niemals einen Scheiterhaufen aufgeschichtet und Menschen abgefackelt zu haben wegen ihrer Überzeugung. Das, hoffte ich im Geheimen, sei das ausschließliche Monopol der "Schwarzen" gewesen, "dank" denen ein paar Zehntausend (Hunderttausend?) so dran "glauben" mussten. Kann man da diese läppische Genfer Entgleisung nicht einfach vergessen?

Welche Rolle spielt beim Scheiterhaufen anzünden überhaupt die Statistik?

Trotzdem, ich komme einfach mit dieser Stadt nicht ganz zurecht, wie sie vielleicht mit sich selbst auch nicht völlig im Klaren ist. Da sind einerseits das ausposaunte liberale Weltbürgertum mit Rotem Kreuz, Internationalen Verbänden und Vereinten Nationen (die Büros und der damit verbundene Profit zumindest). Andrerseits immer

noch die etwas hinterwäldlerische Zurückgezogenheit unter die Rockschöße dieser mir unsympathischen Reformatoren, insbesondere des Obertalibans Calvin, der die geistige Unterwerfung und eine geldgierige Tugendsamkeit gegen Toleranz und Gedankenfreiheit lehrte. Vor gar nicht allzu langer Zeit wurde die französische Übersetzung von Castellios Schriften zugänglich (die bisher nur auf lateinisch "verschlüsselt" und deshalb quasi unlesbar waren), und dies hat die Genfer Intelligenzia, wie man erfuhr, auch heute noch sehr verwirrt und sehr verstört aufgenommen.

Und der schönste Satz aus Castellios anti-calvinistischen "Genfer Schriften", der lautet: "Einen Menschen umbringen, das ist nicht eine Doktrin zu verteidigen; das ist einen Menschen umbringen." Punkt! Schluss!

Aber seien wir nicht zu streng; schließlich gibt es ja inzwischen "zur Wiedergutmachung" alle die gutmütigen um die Gerechtigkeit besorgten Institutionen hier. Und Calvin, um auch schnell etwas Positives zu sagen, hätte ja viel für die Schulbildung getan. Und manchen Leuten soll ja diese mir faschistoid vorkommende Mauer der Reformatoren im "Parc des Bastions" gefallen. Sie erinnert mich dagegen an die Fassade vom Mailänder mussolinischen Hauptbahnhof! Ein Denkmal für den verbrannten Servet sucht man hier dagegen vergebens; dafür müssten Sie nach Annemasse ins nahe Frankreich fahren.

Natürlich sind die Genfer gute Schweizer, trotzdem scheint es, als gehörten sie ein paar winzige Prozente weniger dazu als die anderen. Und zudem sagt man noch, sie seien arrogant, vorlaut, geschwätzig, einen Hauch zu weltmännisch glatt und irgendwie schon etwas zu südländisch angehaucht. Trotzdem: Schöne Dinge gibt es zu sehen.

Da ich mich bis jetzt unbotmäßig kritisch geäußert habe, muss ich wohl versuchen, wieder etwas gutzumachen.

Ich sagte es schon, dass ich mein etwas gestörtes Verhältnis zur Stadt Genf selbst mit großer Verliebtheit in sein Hinterland ausgleiche.

Ich möchte aber zuerst die im 19. Jahrhundert sehr bekannte deutsche Reiseschriftstellerin Fanny Lewald zitieren. Sie schrieb nämlich: "Genf hat in der That etwas Neapolitanisches".

Und das gibt mir zwei Stichworte, die auch heute noch für Südlicheres stehen: Carouge und Les Pâquis.

Das erste, Carouge, ist inzwischen mit Genf zusammen gewachsen, wehrt sich aber ziemlich erfolgreich dagegen, nur eine Vorstadt zu werden. Im 18. Jahrhundert war das Städtchen noch für sich allein und gehörte nach den mir unerklärlichen Spielregeln der hohen Politik 1745 dem König von Sardinien. Der wollte es – heute würde man sagen – als Konkurrent von Genf aufbauen, was dann letztlich nicht gelang. Was aber blieb, glücklicherweise, ist das von Piemonteser Architekten entworfene Stadtbild und etwas von der damit hierher gebrachten Atmosphäre; südlicher, heiter, arbeitsam und insbesondere tolerant. Für mich einfach der bessere Teil der Stadt. Noch nicht ganz von den wie in Genf allgegenwärtigen Whitecollar-People aus Beraterfirmen, UNO-Ablegern und Investmentbanken besetzt. Natürlich konnte das Befürchtete nicht ganz verhindert werden. Die Jahrzehnte den eher einfachen Leuten überlassene Gegend ist doch teils in die Hände der Immobilienschacherer und Generalbebauer gefallen und drohte ihre Substanz an fashionable Makler und CERN-Manager zu verlieren. Zwischenzeitlich scheint sich das

Städtchen aber gegen einen "geistigen Anschluss" zu behaupten und ein Wunder, man könnte meinen, die "Eingewanderten" würden sich eher nach ihm geistig ausrichten und einfügen. Und sagen Sie zu jemand aus Carouge ja nicht "Genfer"; er könnte es Ihnen übelnehmen.

Es ist etwas weit dorthin. Nehmen Sie die Straßenbahn. Linie 13 vom Bahnhof. Setzen Sie sich in eines der Cafés und schalten bei einem Glas Wein einfach ab (habe ich schon erwähnt, dass hier "Café" soviel bedeutet wie Wirtschaft im Deutschen; das deutsche Café ist oft unter dem gut Schweizer Namen "Tearoom" zu finden). Kommen Sie lieber morgens; dann ist mit großer Wahrscheinlichkeit auch Markt.

Les Pâquis. Wenn Sie aus dem Bahnhof kommen, können Sie es sich natürlich einfach machen und geradeaus und schnell auf der nur halbwegs schicken Rue du Mont-Blanc auf die gleichnamige Brücke zugehen, die über die Rhone ins Geschäftsviertel der Innenstadt führt. Sie könnten aber mit etwas Wagemut zuerst ein paar hundert Meter nach links (Osten) die ganz uninteressante Rue de Lausanne nehmen und sich dann senkrecht dazu ins Pâquis-Viertel wagen. Das war nun (und ist es auch heute noch ganz dezent) etwas verrufen, und in der Tat könnte man wohl einige sehr freundliche Damen dort antreffen. Wichtiger für Sie mag sein, dass es in diesem Viertel aus den Restaurantküchen nach allen Gerüchen des Orients und Okzidents duftet. Und das meist zu akzeptablen Preisen und in rechtschaffener Qualität: marokkanisch, libanesisch, türkisch, spanisch und siamesisch. Und wenn Sie nach diesem kurzen Abtauchen ins Populäre sich wieder recht in Ihr bürgerlich-wertvolles Lot bringen wollen, so finden Sie am Ende einer der Straßen, die aus dem Viertel heraus gegen die elegante Seepromenade führt, eine Maserati-Vertretung zur schnellen und teuren Abhilfe.

Ich gehe gern dem Wasser entlang; aber nicht nur gegen den großen See hin, einen Weg, der zum sehr sehenswerten Botanischen Garten führt, was allein einen Besuch lohnt. Oder auf der anderen, der südlichen Seite, gegen die Eaux Vives, an der Fontäne und den Hunderten von Anlegeplätzen der Segelboote vorbei zu den Rosen im Park La Grange. Denn Genf ist eine Garten- und Rosenstadt. Ich schlendere genauso gerne gegen Westen und Frankreich zu, wo die Stadt sehr schöne Wege angelegt hat, die es erlauben, von der kleinen Rousseau-Insel aus am Wasser weiter zu flanieren bis zur Jonction, wo sich Rhone- und Arvefluss treffen. Wenn Sie übrigens die Arve flussaufwärts gehen, führt Sie das nach Carouge.

Da sind wir auch an den Schleusen und dem Elektrizitätskraftwerk der Forces Motrices vorbeigekommen, in dem, als Konzertsaal umgepolt, in einer besonders reizvollen Atmosphäre klassische Konzerte stattfinden. Auch passiert man das Touristenbüro, wo nach meiner Erfahrung kompetent und freundlich beraten wird.

Am Pont de l'Ile und Quai des Moulins können Sie auch eine "Mouette", eines der kleinen Ausflugsboote, besteigen und gemütlich den Fluss hinunter und wieder zurück fahren. Natürlich heißt es sogar im offiziellen Prospekt: "Das ist hier nicht der Amazonas, und die Wälder nicht gerade der tropische Regenwald". Aber das ist in seiner Einsamkeit und Verlorenheit fast schon der Fall, insbesondere, wenn man die Grenze hinter sich gelassen hat auf dem Weg zum französischen Bellegarde. Ursprünglich hatte ich geschrieben, dass man leider nicht "offiziell" weiterfahren kann. Ich selbst hatte das Glück, die Strecke mit dem Ruderboot zurückzulegen. Jetzt erfahre ich, dass man von Chancy aus (Grenzort, westlichster Punkt der Schweiz) mit dem Kanu, organisiert, bis Pont Carnot weiterkommt.

Stadt und Kanton Genf sind fast dasselbe und fallen "oberflächlich gesehen" beinahe deckungsgleich zusammen. Aber eben nur beinahe. Ein Glück, denn ich mag das kleine Hinterland.

Leihen Sie sich ein Fahrrad und fahren Sie entweder von Carouge gegen das alte Malteserschloss (Commanderie) von Compesière oder einfach irgendwo in eines der netten Weindörfer wie Dardagny und Satigny. Oder ebenso schön auf der südlicheren, Frankreich angelehnten Seite bei Hérémence. Sie finden dort überall hübsche Herbergen, um sich nach der Anstrengung zu erholen. Der Genfer Wein, bei uns unbekannt und oft auch in der restlichen Schweiz unterschätzt, ist eine Entdeckung wert. Warum bleiben Sie hier nicht eine Nacht; dann können Sie ihn in aller Ruhe probieren?

Wenden wir uns trotzdem wieder der Stadt zu, denn man sollte es nicht versäumen, dort zweierlei zu sehen: die Altstadt und die Gärten. Hier möchte ich Ihnen gar keine Vorschriften machen. Ausserdem genügt es, sich rund um die Kathedrale einfach umzusehen, wenngleich Sie kaum dabei riskieren, alleine zu sein. Es wird an ihrem Einfallsreichtum liegen, auch im Sommer noch ein ruhiges Plätzchen zu finden. Etwas weiter, die Plätze von Bourg-de-Four, den Place Neuve sowie die Plaine de Plainpalais können Sie sowieso kaum verfehlen.

Den sehr interessanten Botanischen Garten habe ich schon empfohlen; für Pflanzenliebhaber ist auf 26 Hektar eine außerordentliche Vielfalt geboten. Aber auch anderswo ist Genf im Sommer die Stadt der Rosen. Im Park La Grange zum Beispiel, auf der Promenade Gustave-Ador und im Park des Franchises sind wohl an die Hunderttausend angepflanzt, und da können Sie neben den schönen "Pflanzen" Catherine Deneuve, Lili Marleen, Gina Lollobrigida, Maria Callas, auch der unbekannteren Belle Blonde, Albertine und Carita begegnen. Weil wir gerade von Maria Callas sprechen, können wir den prachtvollen Musentempel Victoriahall erwähnen, die Heimstatt des hervorragenden Orchestre de la Suisse Romande, dessen Dirigenten auch die Deutschen Wolfgang Sawallisch und Horst Stein waren.

Museen gibt es hier eine Menge: In jedem Führer können Sie Ihre Auswahl treffen. Im Musée d'Art et d'Histoire hängen schöne Bilder vom See; im Musée Rath sind fast immer ausgezeichnete Wanderausstellungen. Leider halte ich das Petit Palais wegen verwinkelster Ausstellungsräume statt einfach lichtvoller Flächen, dazu noch erdrückende Enge und Decken, die einem auf den Kopf fallen, für ein mühsames Museum.

An sportlichen Ereignissen ist der Bol d'Or zu erwähnen; jedes Jahr im Juni begeben sich Myriaden von Segelschiffen auf die Seedurchquerung ans andere Ende hinter Montreux (Bouveret) und zurück. Dem Start dieser tausend Tupfen weißer Segel zuzusehen ist einmalig. Zwei andere Großereignisse finden im Winter statt: Der Volkslauf der Escalade, bei dem in Erinnerung an die erfolgreiche Verteidigung der Stadt vor den "bösen Savoyarden" um den 12. Dezember fast 20 000 Läufer, oft in verrücktester Verkleidung, die engen Gassen der Innenstadt im Sturm nehmen. Dann am zweiten Weihnachtsfeiertag stürzen sich ein paar Hundert mutige (oder verrückte?) Schwimmer zwischen zwei Brücken in die eiskalte Flut. Zum Glück führt die Rhone im Allgemeinen kein Eis.

Von Hotels habe ich nicht viel gesprochen. Haben Sie sehr viel Geld oder eine schöne Geliebte (beides kann hier auch "legal" aufgefasst werden) oder am besten beides, so ist es traumhaft, in einem der schönen, wenn auch nicht ganz billigen Schlosshotels in Frankreich zu nächtigen, zu speisen und … – einfacher gesagt – sich mit Stil auszuleben. In jedem guten Hotelführer finden Sie die Hotels von Château de Divonne und von Coudrée beschrieben. In der Stadt selbst gibt es natürlich alles, vom Einfachen beim Bahnhof oder im Pâquis bis zu den Nobelherbergen am Quai. Ein Bekannter schwört darauf, dass bei weitem das Beste, aber nicht mal das Allerteuerste (wenngleich auch nicht gerade billig), das "Hotel de la Cigogne" in der Innenstadt sei. Ein anderer empfiehlt das "Ambassador" am Quai des Bergues als beste Preis/Leistung-Variante.

Wenn Sie, im Gegensatz zu mir, Feuerwerke schätzen, dann ist Ihnen noch zu berichten, dass eines der Weltgrößten hier jedes Jahr während der "Fêtes de Genève" im August stattfindet.

Eigentlich suche ich immer noch das rechte Wort, um Genf zu beschreiben. Und auch Folgendes kommt wohl nur annähernd hin: Hier könnte ich meinen, wenn man einen Augenblick die Straßenschilder austauschte (und für eine Weile Calvin vergäße), auch in Turin, Marseille oder Barcelona zu sein.

Wenn das nicht abschließend ein großes Lob ist!

11

Zum andern Ende vom See? Oder beim Schloss Chillon schon umkehren?

Dann hätten wir ja die zwei offiziellen Wunder vom See – zusammen mit dem Genfer Springbrunnen – schon hinter uns. Chillon ist wirklich schön und da sind wir unter vielen netten Besuchern und können uns sogar vorstellen, dass Lord Byron unser Begleiter sei. Ich getraue mich gar nicht zu erwähnen, was ein unsentimentaler Bekannter mir nach seinem Besuch dort mitteilte: nämlich, dass ihn auch der aus der Mauer aufs Wasser überhängende Abort sehr beeindruckt habe und nicht nur das Verlies des Bonivard und die komplizierte Geschichte von Bernern, Savoyarden und Burgundern.

Gut, ich verstehe, wenn Sie nicht mitkommen wollen. Dann fahre ich eben alleine weiter. Ich habe mir nämlich ein Fahrrad am Bahnhof von Montreux gemietet, bin die Rue de la Gare entlang gefahren bis hinunter zur Kantonalstraße, dann aber schon vor der Eisenbahnbrücke beim Hinweisschild zur Jugendherberge am Biotonushotel vorbei wieder runter zum Wasser. Links befindet sich in der grauen Mauer der unscheinbare "Mineralwasser-Brunnen". Lang ist's her, da gab es mal abgefülltes Montreux-Wasser zu kaufen. Aber jetzt können Sie sich da erfrischen oder Wasser für die Reise tanken. Es ist genau so gut wie das etikettierte teure Vittel oder Evian, kostet nichts, aber offenbar haben das hier nur die südländischen Familien kapiert und füllen dort ihre Gefäße auf.

Auf dem autofreien Seeweg radeln Sie gemütlich am Schloss Chillon vorbei. An der Ausfahrt von Villeneuve (ein Stück musste man wieder auf die Autostraße) biegt man aber gleich, nachdem Sie das Flüsschen "Eau Froide" überquert haben, rechts ab. Von jetzt an gehört das Sträßchen wieder bevorzugt Spaziergängern und Radlern. Die Einfahrt hier ist schon etwas enttäuschend; links die

Die Berner kommen dem Herzog von Savoyen zur Hilfe gegen die Burgunder.

Kläranlage und rechts ein Feld mit Prügeln und Stämmen, die man aus dem See gefischt hat nach den großen Gewittern. Aber lassen Sie sich davon nicht stören, laufen Sie übers Brachfeld und am Seeufer öffnet sich das schöne Naturschutzgebiet der "Grangettes". Dutzende von Wasservögeln finden da einen Landeplatz im Herbst auf dem Zug nach Süden und im Frühling auch wieder zurück; manche bleiben aber auch zum Nisten hier (es gibt Hauben- und Zwergtaucher; Stock-, Reiher- und Tafelente; Flussschwalbe, Eisvogel, Drosselrohrsänger usw.) Nein, ich kenne mich überhaupt nicht aus; schreibe die Namen aus einer Broschüre ab. Aber ich habe meinen Spaß dran, auch verständnislos zuzuschauen; nur stört mich die aufgezogene Reihe schwarzer Kormorane auf dem Damm. Sie sehen wie Totenvögel aus.

Wenn Sie weiterfahren, finden Sie irgendwann ein Brückchen über den Seitenkanal und kommen schließlich an ein Becken, den durch einen Kanal mit dem See verbundenen Naturhafen der Alten Rhone (Le Vieux Rhône), wo sich die Segelboote versteckt halten. Weiter geht es bis zum Fluss selbst, und Sie könnten sich entschließen, ihn auf der Fußgängerbrücke zu überqueren und auf der anderen Seite bis nach Bouveret weiter zu radeln, wo Sie endlich einkehren können. Hier gibt es auch Attraktionen im Vergnügungssinne: den Schweizer Dampflok-Miniatur-Park (Swiss Vapeur Parc) und einen Aqua-Wasserplansch-Park (AquaParc), was insbesondere die Kinder begeistern wird. Auch der Nacktbadestrand? (Übrigens verbindet seit kurzem regelmäßig ein Schiff Montreux und Bouveret). Abenteuerparks sind in der Gegend aus dem Boden geschossen, wo man sich ein paar Stunden lang als Johnny Weissmuller (Tarzan) austoben kann. Im nahen St-Gingolf an der französischen Grenze, aber auch nicht unweit in Aigle. Etwas weiter bei St-Maurice gibt es dann einen, der hat als Attraktion das aus Hecken geschnittene Labyrinth, aus dem aber die meisten Besucher innerhalb Jahresfrist wieder lebend aufgetaucht sein sollen. Einige andere, mehr oder weniger hirngespinstige Spaßprojekte von Robinsoninsel bis zu einer Selbstmordkletterwand in St-Triphons Steinbrüchen sind im Gespräch. Bis dahin muss man sich mit den paar Toten trösten, die jährlich in der Schweiz beim Raften in überspülten Bergbächen, beim Bungyrunterhupsen und Deltasegeln anfallen.

Selbst wenn Sie ohne diese großen Emotionen langsam zurückradeln, vielleicht weiter vom Fluss weg im fruchtbaren trockengelegten Moorland, das der Umgebung die Gemüse liefert, dann haben Sie ein paar ungefährlich angenehme Stunden verbracht und sich auch körperlich etwas verausgabt. Natürlich waren unterwegs keine großen Sehenswürdigkeiten abzuhaken. Einfach gut an der frischen Luft.

Die nächste Fahrradtour in der Gegend wäre schon herzhafter und sportlicher, nicht mehr unbedingt eine gemütliche Spazierfahrt, eher wohl für jene geeignet, die ihr Rennrad oder ihr Mountainbike mitgebracht haben. Von Montreux aus auf der stark befahrenen Uferstraße gegen Evian bis zur Autobrücke über die Rhone (Porte du Scex). Dann gleich dahinter links auf dem Damm ein Dutzend Kilometer dem Fluss entlang. Die erste große Autostraße nach links und wenig später abbiegen gegen den Hügel in der Ebene, der St-Triphon heißt. Dann den Anstieg durchs Dorf hoch und wieder gegen die Rhone und auf der anderen Seite zur Brücke zurück. Noch Mutigere können auf Seitensträßchen ins Hinterland von Aigle und Bex weiter und die ganz Sportlichen über die Pässe von "Les Mosses" oder "Pillon" bis in die Gegend von Gstaad. Sie werden sich das auf einer Karte zurecht legen müssen.

Ich gehe nochmal von Villeneuve am Ende vom See aus. Mit dem Auto diesmal. Der erste Halt könnte der Ort Roche sein; nein, nicht wegen dem jetzt stillgelegten und dann – zum Glück – zerschlagen abgeräumten Zementwerk. Diese hässlichen Industriemonster scheinen nämlich, wenn sie tatenlos geworden sind, noch an Hässlichkeit zuzunehmen. Vielleicht aus Rache, dass sie nicht mehr gebraucht werden. Die in den Berg geschlagenen Wunden des Steinbruchs lassen sich schlechter heilen.

Zwischen ehemaligem Werk und Steinbruch vorbei geht ein schmaler Fußweg hoch. Der ist nicht nur deswegen bemerkenswert, weil er den Spaziergänger aus der betriebsamen Ebene weg in eine ungestörte "Waldeinsamkeit" verführt. Auf diesem Weg spüre ich ein langsames wie aus der lauten Welt weg Sich-woanders-hin-Verlieren. Der andere Grund ist weniger romantisch, gleichwohl interessant: Sie kommen nach einem etwa zweistündigen, auf steilem Pfad aufwärts steigenden Fußmarsch an das älteste Stauwehr der Schweiz, die "Joux-Verte". Mit dem dahinter aufgestauten Wasser schwemmte man Holzprügel ins Tal, die man brauchte, um mit dem damit erhitzten Wasser im Bergwerk Bex das Salz aus dem Gestein zu waschen. Da kommen wir später nochmal hin.

Im Dorf Roche selbst ist unterm behäbig, breitschultrigen Dach einer ehemaligen Posthalterei ein höchst interessantes Museum für Orgeln untergebracht.

Weiter nach Aigle. In dieses Städtchen bin ich etwas verliebt. Lassen Sie den Wagen stehen und laufen Sie auf dem Kopfsteinpflaster hinauf zum Schloss. Das Wein- und Weinetiketten-Museum ist sehenswert, insbesondere in Kombination mit einem Glas weißem Aigle, einem der kräftigsten der Schweizer Weine. Wenn Ihnen nach spazieren zumute ist, kann man empfehlen, vom Schloss aus weiter den "Chemin de la Provence" zu gehen. Auf dem Weg kommen Sie in ein warmes Mikroklima und insbesondere die Botaniker unter Ihnen können sich an einer teilweise mittelmeerischen Vegetation erfreuen. Für Wanderer, die an längere Ausflüge gewöhnt sind, gibt es auch einen ausgeschilderten Weinweg (Chemin de Vigne), der vom idyllisch im ansteigenden Rebberg eingebetteten Yvorne über Aigle bis nach Ollon führt. Gut drei Stunden ein Weg; die Rückfahrt mit der Bahn ist möglich.

Die Altstadt von Aigle ist sommerabends voll Leben, meist in den Händen von jungen Leuten, und hat keinen Hauch von für Touristen zurechtgemachtem Anschauungsobjekt. Die eigenartig überbaute "Rue de Jerusalem" ist für mich das interessanteste Sträßchen der Romandie. Wie von irgendwo ganz anders her genommen; einem Souk, der Wohnburg eines kabbalistischen Geheimbunds oder das Versteck des Golem.

Noch erwähnt werden muss auch, dass Sie von hier gleich mit drei Privatbahnen in die Höhe kommen können. Nach Leysin steil mit der Zahnradbahn, nach Les Diablerets oder auch gegen Süden über Monthey nach Champéry. Die Zweite führt noch einmal durch den prächtigen Weinberg am Schloss vorbei.

Nächste Station: Bex. Ich meine eigentlich nicht die Bahnstation; aber das gibt mir die gute Gelegenheit darauf hinzuweisen, dass auch von hier eine Bahn ausgeht, und zwar nach dem bekannten Luftkurort Villars. Ich mag dieses Bähnchen, weil man vom Bahnhof aus wie mit einer Straßenbahn erstmal eine "Quer-durch-die-Stadt-Besichtigung" machen kann. Ich sprach schon vom Holz, das man vom Berg herunterbrachte mit einem Schwall Wasser und das man brauchte, um hier in Bex damit das Salz aus dem Stein herauszulösen. Da hatte ich zuerst eine ganz falsche Vorstellung. Ich dachte, das Salz läge in Flözen wie die Kohle oder das Erz im Berg. Nein; hier ist es eher wie ein Schwamm, der sich mit Salz vollgesaugt hat und dann trocknete. Also musste man es auskochen und eindampfen. Dazu brauchte man Brennmaterial, und die Schweiz hat nun einmal viel Wald, aber keine Kohle.

Salz! Jetzt hört man ja eher davon, dass man zuviel davon isst, und damit zusammenhängend den hohen Blutdruck hat und die Insuffizienz irgendwelcher Herzkranzgefäße. Ich selbst salze fast alles nach, was sicher eine schlechte Ess-Angewohnheit ist. Aber vielleicht auch eine in mich genetisch eingebaute Überreaktion, der Tatsache gedenk, dass meine ärmlich bäuerlichen Vorfahren möglicherweise eher an chronischem Salzmangel litten, weil sie es sich nicht leisten konnten. Sicher sind früher wohl mehr daran darbende Leute gestorben als heute Überfressene an der Overdose. Salz war damals etwas Rares und fast ein Privileg für die Reichen.

Aber lassen wir das jetzt und wenden uns etwas Ansehnlicherem zu. Jedes dritte Jahr findet hier im wunderbaren Szilassy-Park zwischen Wein und Wolken eine interessante Ausstellung zeitgenössischer Skulptur statt: "Bex&Art". Für die Exponate findet sich einfühlsam ein sie gut unterstützender Platz in der Natur und man schaut sich das an, während man gemütlich über Wiesen spaziert. Aber man kann auch die alten Kastanienbäume und die

Aussicht alleine genießen, sollten uns die darunter aufgestellten Menschenwerke weniger gefallen.

Wir nähern uns nochmal dem Ort, den ich bei der Fahrradtour schon kurz erwähnt habe: dem Hügel von St-Triphon. Dies ist für uns Radfahrer eine obligatorische Etappe: Erstens, weil wir uns nach dem schnellen Fahren in der Ebene zumindest einmal den Anstieg ins Dorf hochquälen wollen. Dann aber auch, weil wir dort in einem Bistro anhalten, das, nach felsenfester Aussage unseres Freundes Jean Charles, früher einmal von einer Mätresse König Faruks bewirtschaftet wurde!?

Das ist aber nicht das Wichtigste für mich, sondern die einsamen Spaziergänge über dem Steinbruch. Dorthin darf man eigentlich gar nicht hin; die besorgten Betreiber machen durch regelgerechte Absperrungen und Schilder auf die Gefahr eines Absturzes aufmerksam. Nun hat das Unerlaubte zu tun seinen besonderen Reiz. Auch, weil wir (wie "Alice im Wunderland", nachdem sie auf den Kaminsims kletterte und dann durch den Spiegel trat, dessen Glas sich in einen schimmernd silbrigen Nebel auflöste) dahinter etwas ganz Außergewöhnliches erwarten dürfen. Hier zwar nicht gerade rote Könige, Blumen mit Gesichtern und geflügelte Schaukelpferde. Aber was es ist, das geht nur mich etwas an und Sie bleiben ruhig draußen, trinken ein Bier inzwischen bei den Nachfolgern der Mätresse Faruks oder besuchen den hübschen botanischen Garten des Herrn Aviolat.

Ganz Handgreifliches dagegen am Ende des Kapitels. Wenn man weiterfährt, kommt man beim Engpass vor St-Maurice zu einer befestigten Stellung, die, jetzt kaum noch bemerkt, fürs Durchstoßen klassischer Feindtruppen ein kaum überwindbares Hindernis bedeutet hätte. Die

Schweizer waren ja schon immer Maulwurfs-Spezialisten fürs Aus-, Unter- und Durchhöhlen von Bergen für Verteidigungszwecke. Heute hat das fast einen versteckspielerischen Reiz bekommen. Und ist außerdem kriegstechnisch offensichtlich nicht mehr ganz effizient. Jetzt werden einige dieser Objekte sogar zum Kauf angeboten. Falls Sie Interesse daran haben, so wenden Sie sich ans Eidgenössische Militärdepartement in Bern. Das genügt als Adresse.

Wir gehen die befestigte Flanke jetzt ganz friedlich hoch; ein sehr angenehmer Spaziergang führt uns bis Le Châble, wo wir uns im Herbst das klassische "Brisolée" vorsetzen lassen: Esskastanien, Käse und Schinken, dazu natürlich ein gutes Glas Roten aus Bex, Ollon oder vom Weinberg gerade nebendran. Neben den Gräben.

Kunstliebhaber sollten noch ein paar Kilometer weiter fahren und sich den ganz bemerkenswerten Klosterschatz von St-Maurice anschauen. Das wäre noch ein Glanzlicht in einem schönen, obwohl fast großereignislosen ruhigen Tag.

12

"La Côte" oder die Kunst eines schwebenden Übergangs und auch

Jacques Chessex ist des Lobes voll von dieser Gegend und deren edelmütig und mild gesinnten Menschen. Dem Landstrich, grob eingegrenzt, zwischen Lausanne und Genf; oder besser etwas enger gezogen zwischen Morges und Nyon. Chessex, der manchmal nicht nur zärtlich umgeht mit seinen Landsleuten. Der die Leute von Montreux schilt als Anbeter des goldenen (Tourismus)-Kalbs; die des Lavaux, wo die Hänge steil ins Wasser abfallen, als streitlustig schildert; die von Bex, meint er, wohnten in einem Tollhaus; die Hinterländer, wie die von der Broye, sind verfressen und fühlen sich allen überlegen; die Jurassier schließlich sind Pfennigfuchser und die Waadtländer insgesamt sowieso zugeknöpft. Von den vorlauten und eingebildeten Genfern reden wir nicht mal.

Chessex und Schwander als kongenialem Übersetzer überlasse ich es besser, alleine von der "Küste" – La Côte – zu reden, weil ich es auch nicht annähernd so gut selbst sagen könnte. Und wenn es etwas lang ausfällt, dann auch, weil Sie ja diesen schönen Text auf deutsch zur Zeit gar nicht mehr erwerben können:

"La Côte! Du lichtes, verträumtes Land; ihr Häuser, Bäume und Hecken mit verspielten Umrissen, zarter als sonst irgendwo.

Vielleicht ist es die Wirkung von Licht und Landschaft: Das Licht durchschwebt die sanften Hänge, die sich behäbig an den Jura anlehnen. Die heiteren Rebhügelchen steigen bergan, von Stufe zu Stufe durchzogen von Tälchen, Wäldchen und Matten – hier reifen die Trauben mitten im Grün der Gräser und Laubbäume –, sie heben sich bis gegen die Tannenwälder der Bergweiden mit den mächtigen Alphütten an der Grenze, vor denen die Kühe durch den schwarzen Morast der Läger waten, wenn die Sennen sie beim Nahen der Nacht zum Melken zusammenrufen. Vom See zu den Berghöhen steigt das Land gemächlich an (der Gedanke an die Auffahrt wird nicht aufgedrängt, nur leicht angedeutet). La Côte: das Seeufer mit den Anhöhen und den Dörfern von der Grenze bis in die Gegend von Morges. Immer neue Tälchen, Hügel, schattige Halden, die Bachgräben der Promenthouse, der Aubonne, des Boiron, der Venoge – Wasser unter Weiden, Pappeln und Eichen –, Gewässer sanft wie das ganze Land, und am Abend schnüren die Füchse und netzen sich behend die Schnauze in der grünen Strömung.

An der Côte ist das Land immer noch weit und einsam, richtiges Land: Fettmatten, Raps, Hafer, Bäume mit Krähen, die Dörfer zusammengekuschelt um Kirche und Dorfschenke. Steigen wir bei Saint Prex das Feldsträßchen hinan gegen Lussy, Villars-sous-Yens, Lavigny: Im Frühling ist die Reberde rosig, die nackten Bäume verzehren sich im weißen Licht, doch schon grünen die Wiesen, und der Löwenzahn reckt sich in vorösterlicher Keckheit. Oder im Sommer zittert die Hitze über den wogenden Horizonten; und dreht man sich um, so sieht man den See sich dehnen in weiter, malvenfarbener Fläche, vor dem verschwommenen Grün und Blau Savoyens.

Von den Anhöhen über Morges sieht man den Montblanc!

Ein geistvolles, verhaltenes Land. Ein Menschenschlag von wohlgesitteter Sanftheit. Geistreich und höflich, doch er drängt sich nicht vor, er bekennt sich nicht laut (wie die Landschaft, die das Ansteigen zur Jurakette bloß andeutet), er vermeidet Aufsehen und Ungestüm, er sagt, was er will, mit Maß, mit Humor und auch mit einem etwas verträumten Anflug von Lächeln, der aus den Leuten von La Côte eine Art weiser Mandarine macht, mit wachen Augen voll Klugheit. Gruß Euch ihr Verehrten!

La Côte ist ein gastliches Land.

Sanftheit und Seelengröße durchweben das Land, das sein Gleichgewicht bewahrt hat. Hier in der Côte erfühle ich am besten die Waadtländer Seele, gewachsen aus der romanischen Lebensart, zugleich lemanisch und bäuerlich, rhodanisch und erdhaft, die für ihre ausgewogene und unerschöpfliche Fülle sichert, ein heiteres Entgegenkommen, das zur wahren Höflichkeit gehört. Anerzogene Höflichkeit? Eher angeborener Adel, verwandt und zusammenklingend mit dem friedsamen Adel der Landschaft, der Behausungen, der weiten, offenen Ausblicke!

Wer könnte den Wohlklang nicht fühlen?"

Ich wiederhole es noch einmal, so dass niemand mir vorwerfe, ich wolle mich mit fremden Federn schmücken. Das ist Chessex' Text aus seinem Buch "Leben und Sterben im Waadtland". Warum sollte ich es mir auch anmaßen Chessex' schöne Zeilen noch zu interpretieren. Der für diesen weichen und lichtvollen Übergang von Wasser, Weizen, Wein und Wiesen hoch zum Wald so harmonische angepasste Worte findet. Und Sie, lieber Leser, werden es sicher geschätzt haben, zur Abwechslung ein Stück wahre Literatur mit zu erleben.

Das wurde Ende der Siebzigerjahre geschrieben. Geändert hat sich gottseidank nicht alles. Enger geworden ist das Land, die Genfer drücken aus ihrem Kanton ins Waadtland, über Nyon hinaus bis nach Rolle, wenn nicht Lausanne, und bauen ihre Reihenhäuser. Und jedesmal, wenn ich wieder von einer Bauhochkonjunktur höre, da kommt mir das große Grausen. Wer auf die französische Seite geht und herüberschaut, dem stellt sich das Ausmaß der Zersiedelung an manchen Stellen der Schweizer Seite erst vor. Zum Glück hat der streitbare Franz Weber (ich weiß, ich sag's zum x-ten Mal!) zumindest die Verbauung der steilen Rebhänge des Lavaux verhindert und es scheinen auch die Gemeinden der Côte die Krebsauswucherungen auf Höhe der Weinberge einigermaßen in den Griff zu bekommen.

Es gab damals auch noch kein Nyon Paleo-Rock-Festival mit dem heuschreckenartigen Überfall der Hippymassen für Meatloaf, U2 oder Gianna Nannini.

Vielleicht hat die damals gerade fertiggestellte Autobahn Lausanne – Genf auch ihr Gutes. Denn so können die Bänker jeden Morgen kreuzungsfrei und haltlos zu ihrem Job durchrasen und die Touristen bringen es auch selten übers Herz, die Schnellstraße zu verlassen. Deshalb bleibt es auch heute noch ziemlich ruhig in den Weinorten von Féchy, Gilly und Vinzel und auf den Straßen, die hoch gegen den Jura führen, über Apples, Bière und St-Georges.

Gut ist auch, dass es hier wenig aufgeplustert Grandioses und sich den Nikons und Minoltas Anbiederndes gibt wie Grandhotels, Chillonschlösser und dutzende meterhoch spritzende Brunnen. So ist die Gegend noch relativ verschlossen geblieben. Was sollten schon Japanische und Lüneburger Beleger von Touristikbussen sich hier ansehen? Ich erwähnte schon an anderer Stelle, dass man die vornehme Zurückhaltung sogar so weit treibt, dass man die Perlenkette hübscher Weinschlösser dezent aus dem Verkehr zieht.

Jetzt will ich aber aufhören mit Bemerkungen, was es hier nicht gibt, und mit dem Positiven weiterfahren. Fangen wir an mit dem Essen; und da braucht sich die Region bei Gott nicht zu verstecken. Ich empfehle gerne zwei meiner bevorzugten Restaurants. Die Auberge in Bugnaux sur Rolle, deren deutschstämmiger Chef Christoph Ziegert auf eine Speisekarte ganz verzichtet und sich sinnigerweise auf wenige gute Dinge konzentriert, die er oder seine Mannschaft Ihnen vorschlagen. Das ist eine rechte Sache; nichts verunsichert mich in einem Restaurant mehr als eine zu weitläufige seitenweise Laufliste. Soll man mir doch nicht weismachen, dass der Chef alle Ingredienzien frisch zur Hand haben und/oder zubereiten kann. Darum ist es fast immer vorzuziehen, ein "Menu du Jour" zu verlangen oder den Chef direkt zu fragen, was er heute als Bestes anzubieten habe.

Das andere ist die "Débarcadère" in St-Sulpice, wo ich meinen besten Dorschrücken aller Zeiten gegessen habe. Aber in praktisch jedem Dorf der Côte finden sich gute einfachere Auberges. Die Malakoffs, paniert gebratener Käse, sind dort eine Spezialität.

In der nun wirklich fast "unverschämt" teuren, jedoch für besondere Anlässe durchaus berechtigten Kategorie ist die "Ermitage von Bernard Ravet" in Vufflens-le-Château angesiedelt. Das Problem in einem Etablissement dieser Art besteht auch für mich darin, sich von dem Begriff des Geldes völlig zu lösen und in gewisser Weise auch von gängigen Preis-Leistungs-Einschätzungen. Was ist es wert, dass Sie garantiert den Parkplatz vor dem Eingang haben, man Sie schon unter der Tür empfängt, Sie zu einem Salon am Kamin begleitet, wo Sie mit der Chefin über den Wein in der Gegend und dessen Säuregehalt diskutieren können, bevor Sie den Aperitif nehmen? Man wird Sie anhalten, sich ja Zeit zu lassen mit der Bestellung und dann ohne Eile zu Ihrem Tisch im ersten Stock begleiten. Sie werden in eine metronome, aber gleichzeitig jede Eile ausschließende Vergänglichkeit der Zeit einbezogen, die darin besteht, dass alles in genau richtigem, aber unhörbarem Takt serviert wird. Von der Qualität des Essens brauchen wir gar nicht zu reden. Eine generöse Küche, wo gut Bürgerliches nicht schludrig von falscher Finesse verdrängt wurde, ohne dass das Überraschende, Kreative je zu kurz käme. Sie könnten auch mittags hingehen an einem schönen Tag. Den Aperitif also nehmen auf der Terrasse, genüsslich Ihr Essen auswählen und danach einen kleinen Spaziergang machen zum Schloss. Dann haben Sie vielleicht sogar Lust, die Anhöhe zum hübschen Örtchen Monnaz zu erklimmen und nach dem Abstieg noch einen Café zu genießen. So kann man hier das Essen zu einem kleinen Happening ausdehnen. Ganz unpassend wäre es da schon bei Tisch vom Zahlen zu sprechen. Das erledigt man diskret am Ausgang als völlig nebensächliches und nicht mal erwähnenswertes Detail.

Wenn Sie dann aber, wie auch ich, auf dem Heimweg doch mit dem Nachrechnen anfangen, dann …

Sie mögen jetzt einwenden, dass es doch etwas kurzatmig ist, nur von netten Menschen in einer harmonischen Landschaft und guten Restaurants zu berichten. Und dass es doch auch noch etwas anderes geben sollte.

O.k.! Also mache ich einen von Ihnen hoffentlich geschätzten extravaganten Vorschlag, und zwar einen Spaziergang durch die "Schweizer Maginotlinie" (bzw. an ihr vorbei). Nein, ich werde mich aller Kommentare über die Schweizer Wehr- und Verteidigungskraft im Zweiten Weltkrieg enthalten. Nur muss ich erwähnen, dass man auf der Höhe von Nyon/Prangins vom See bis zum Jurafuß hoch eine Linie von eisenbetonbewehrten Quadern aufgestellt hat, die einen möglichen deutschen Panzervorstoß von Frankreich her hätten aufhalten sollen. Diese hatte der Volksmund schnell "les toblérones" getauft. Und zwar, weil deren sicher militärisch ausgetüftelte und gegen Panzerketten widerstandskräftige Form eigenartigerweise fast genau (vergrößert natürlich) mit der des typischen Schokoladenriegels übereinstimmte. Wenn wir jetzt noch dazu nehmen, dass der Schweizer Schicksals-, Legenden- und Vorzeigeberg Matterhorn ebenfalls eine ähnliche Geometrie hat, ja, dann stehen wir hier vor dem einzigartigen Symbol, das die größten Schweizer Trümpfe und Tugenden in sich vereint: nämlich Wehrkraft, Schokolade und Naturschönheit. Unterstützt durch die wortwörtliche Verwandtschaft: so kann "Riegel" ja sowohl für das Stück Schokolade als auch für einen Verschluss bzw. eine Absperrung stehen.

Der Spaziergang den "Toblerone"-Riegeln entlang ist jetzt aber unmilitärisch und besinnlich. Eigentlich war einmal vorgesehen, diese Betonblöcke abzutragen; aber die erwiesen sich als so solide (wie ja vorgesehen, wenn auch für anderen Zweck), dass man davon Abstand nahm und sie einfach so stehen ließ. Und jetzt ist aus der Not eine Tugend geworden. Denn darüber wächst Moos und Kleintiere finden dort eine Zuflucht und schließlich spa-

zieren wir gemütlich daran vorbei und freuen uns am Rauschen der Flüsschen Sérine und Promenthouse über soviel Friedliches.

Jetzt werde ich mich kurz fassen und zähle anderes einfach auf:

Der farbenprächtige Irisgarten von Schloss Vuillerens über Morges.

Das Neumann Fondations Museum in Gingins mit oft interessanten, auf wenig Wichtiges konzentrierten Exponaten. Auf dem Weg dorthin von Nyon aus etwas ganz anderes: Die alten Landwirtschaftsmaschinen in Chiblins ehrwürdiger Mühle.

In Nyon, dem vom Ufer ansteigenden Städtchen, befindet sich das Museum über den Lac Léman mit viel Sehenswertem. Sowie ein Römisches, das mich persönlich weniger interessiert.

Fast am Wichtigsten: der Wein der Côte ist leicht, etwas perlend und haargenau für einen schönen Sommertag geschaffen!

13

Wasser gibt es nicht nur im Lac Léman, sondern auch in "Bisses" und Bergseen.

Wir lernen einen komischen Fluss-Komplex der "Vaudois" kennen und dann müssen wir kurz vom trocknen "Röstigraben" sprechen. Aber vorerst wieder zurück zum Wasser, H_2O: Dipol, geruch- und geschmackloses Lebenselement, ohne das überhaupt nichts läuft; füllt 60 bis 70 % unseres Körpers und 90 % der Pflanzen auf. Fließt, fällt, folgt dem einfachen Gesetz der Schwerkraft. Im Überfluss schädlich; Sturmflut und Überschwemmung. Wird aber Mangelware des Jahrtausends werden. Sahel, Wüsteneien, Gerippe ausgetrocknet im Sand …

Die "Bisses" oder die Mühe, Wasser zu transportieren

Hier haben wir offenbar keinen Mangel an Wasser und eher zuviel davon. Heute, als ich das schreibe, hat gerade eine Schlamm-Wasser-Lawine den Walliser Ort Täsch überschwemmt. Im Winter sterben ein paar Dutzend in Schneelawinen; wahrscheinlich mehr auf vereisten Straßen. (Schnee und Eis sind temperaturabhängige Kristallformen vom Wasser). Dass es auch fehlt, das erfahren wir eher aus der Tatsache, dass die Gletscher zurückgehen. Aber am Trientgletscher kann man lesen, dass seit zwei Jahrhunderten ein Hin und Her von Wachsen und Schwinden stattfindet. Von 1970 bis 1986 nahm das Eis zu. Das könnte uns ja etwas beruhigen!

Ich hätte also kaum Grund gehabt mich aufzuregen, als die Kinder sich eine gute Viertelstunde unter die prasselnde Dusche stellten. Ich habe mich aber trotzdem geärgert. Und endlich weiß ich auch warum: Seitdem ich, Jahre danach, zum ersten Male im Wallis die halsbrecherischen, oft an Felswänden angehängten “bisses” (Suonen, Wasserfüren) gesehen habe, mit deren Hilfe man sich mühte, das Wasser von den Gletschern hinunter in die durstigen Weinberge und Äcker zu bringen. Und wieviel jeder Tropfen Wasser wert war.

Eigenartig! Da war doch der Fluss unten im Tal, die Rhone, die genug Wasser hatte; aber man brachte es einfach nicht heraus und hinauf in die höhergelegenen Felder. Und Pumpen gab es noch nicht. Auch hatte niemand die Idee, vielleicht auch nicht das Geschick der Syrer, wie bei Hamah die berühmten riesigen Wasserräder zu bauen. Die Strömung des Flusses dreht dort die Schaufeln, welche Wasser mit hochschleppen, das dann oben in Rinnen ausgegossen wird, die es auf die Erde zurückleiten.

So sah man hier keine andere Möglichkeit, als das Wasser von der Höhe der Gletscher ins Tal hinunterzuleiten. Aber die Schwierigkeit bestand darin, dass es nur dann geregelt fließt, wenn man ihm ein Bett gibt, das ein gleichmäßiges Gefälle hat. Sind die Rinnen zu flach, dann wird der Strom versanden im stagnierenden Lauf; ist es zu steil, wird das Wasser überlaufen und geht verloren auf dem Weg ins Feld. Ungefähr ein Prozent muss das sein. Aber der Berg bricht nicht immer so ab vom Gletscher in die Ebene. Also musste man den unerbittlich festgelegten Winkel anlegen und eine Falllinie ziehen, wo immer sie hinfiel, und die ging oft den Felswänden entlang, vorbei an der Schlucht und durch Halden. Jeder vom Dorf musste helfen beim Bau und dem Instandhalten. Wie der Deichbauer in der Hallig. Wieviele mögen dabei abgestürzt sein. Auch heute noch sieht man hie und da eine kleine Madonna in einer Felsritze, und auch ich, weder Katholik noch fromm, habe davor innerlich trotzdem das Kreuz geschlagen.

Die ersten "bisses" wurden schon im 14. Jahrhundert gebaut und die letzten in den Sechzigerjahren des 20. Jahrhunderts aufgegeben. Das bedauert heute manch einer von den Verkehrsvereinen und man beginnt sie langsam wieder instand zu setzen. Nichts ist beruhigender, als am langsam fließenden Wasser entlang zu gehen, oder, besser gesagt: Das Wasser begleitet uns geduldig und aufmerksam auf Schritt und Tritt.

Für einen angenehmen Spaziergang, ohne schwierige Passagen, wie geschaffen sind die von Haute Nendaz aus gehenden "Bisse du Milieu" und "Bisse Vieux" (ca. 3 Stunden). Dort fließt auch das Wasser, zumindest von Juli bis nach der Weinernte.

Liebhaber abenteuerlicher Ausflüge und mit Trittsicherheit, die sich zumindest mit guten Bergschuhen ausrüsten, dazu kaum an Schwindel leiden, können auf der rechtsrhonischen Seite von Anzère aus den einfachen Aufstieg zum Tseuzier Staudamm über den "Bisse de Sion" (3-stündig) nehmen, aber dann den zum Teil an der Felswand vorbeiführenden Weg der "Bisse d'Ayent" zurück. Kinder würde ich nur mitnehmen, wenn sie von bergerfahrenen Eltern/Erwachsenen ans Seil genommen werden. In Anzère lohnt es sich, das kleine Museum zu besuchen.

Die ganz Mutigen schließlich nehmen von Montana die Télécabine nach Cry-d'Er und von dort zuerst über

Wiesen und dann den in die Felswand eingehauenen (meist aber seilgesicherten) Pfad bis "Er de Chermignon". Die nicht Schwindelfreien können sich dort noch entscheiden, ob sie den einfachen Weg "des alpages" hinunter nehmen oder sich wirklich in die Felswand wagen wollen, wo die alte "Bisse du Ro" beginnt. Um dies ganz klar zu machen: Die jetzt davon Abstand nehmen wollen, sind keine Angsthasen und machen sich auch nicht lächerlich, sondern sind vernünftig in der Abschätzung ihrer Fähigkeiten. Jene aber, die glauben, über einen, der zurückgeht, einen abschätzigen Kommentar machen zu müssen, sind Dummköpfe.

Die Venoge oder ein Waadtländer "Fluss"-Komplex

Nun sind die "Vaudois" ja einigermaßen stolz auf ihr Gebiet. Und das mit Recht. So nennen sie es auch nicht "Canton" (wie z.B. das Wallis) oder "République" (wie z.B. Neuenburg), sondern dann doch gleich ein ganzes "Pays" (Land). Und es ist schon wahr, sie haben in ihren Grenzen so ziemlich alles an "Land"schaft, was man sich vorstellen kann: Ebene, Berg, Fels und See. Das Meer kann man hier ja schlechterdings nicht verlangen; aber wenn man an einem trüben verhangenen Wintertag auf den Léman schaut, dann kann man oft kein Ufer auf der anderen Seite sehen und sich vorstellen, das sei endlos, und die Wellen schäumen auch ganz ordentlich dazu wie am offenen Meer. Wüste, zumindest eine heiß-sandige, haben sie auch nicht zu bieten, doch im Eis des Diableretsgletschers kann man sich auch sehr verlassen vorkommen.

Aber da sitzt ihnen doch ein Stachel im Fleisch: Sie haben nämlich keinen richtigen Fluss zu bieten. Von der Rhone, die in den See fließt, gehört das linke Ufer dem

Wallis, die kann also auch nicht als ganz "waadtländisch" beansprucht werden. Nun gibt es ja bei Genf einen Ausfluss vom Fluss, der ist aber ganz genferisch und auch nur ein paar Kilometer lang bis an die französische Grenze. So bleibt als Letztes nur noch, den dazwischen liegenden länglichen, aber diesmal wirklich großteils Waadtländer Léman-See als etwas breiten Strom zu erklären. Der Amazonas oder die Wolga sind ja wahrscheinlich genau so breit. Aber wer hat je einen 300 Meter tiefen Fluss gesehen und einen, in dem ein Wasserteilchen, das einfließt, statistisch und mittelwertig ein Dutzend Jahre braucht, bis es am anderen Ende wieder austritt?

Also ist es wieder nichts mit dem Fluss! Doch wer glaubt, die Waadtländer gäben so schnell auf, der täuscht sich; und mit Hilfe des (das Ganze aber eher auf die leichte Schulter nehmenden) Volkssängers Gilles haben sie sich auch einen Waadtländer Strom kreiert: "die Venoge". Selbst wenn diese, neutral und objektiv beurteilt, nicht einmal ein großer Bach ist.

Und das Lied, das zu übersetzen ich mich nicht unterstehe, schildert auf eminent witzige und sich ein bisschen über sich selbst lustig machende Art, dass in der Venoge manchmal doch ziemlich viel Wasser drin ist, sie zumindest auf der ganzen Länge im Waadtland bleibt, wo hingegen die Genfer von der Rhone doch nur ein winziges Stück haben und die Deutschen, Franzosen und Holländer sich den Rhein teilen müssen. Und schließlich, wenn sie mal anschwillt, dass dann der rechte Waadtländer sich bis in den Colorado Canyon versetzt fühlt.

Nein, als Ausländer brauchen Sie die Venoge nicht zu verehren und ihr schon gar nicht nachzugehen, an deren Lauf sich übrigens stellenweise durchaus unschöne Industrie angesiedelt hat. Aber an zwei Stellen lohnt es sich doch innezuhalten und dem "Großen Vaterländischen Waadtländer Strom" einen andächtigen Blick und Gedanken zu gönnen: Am nicht betonvermauerten Einfließen bzw. Einträpfeln ins "Waadtländer Meer" zwischen Morges und St-Sulpice. Und nahe der etwas ungesicherten Quelle, denn der löchrig durchlässige Jurakalkboden lässt manchmal Wasser einfach verschwinden und wieder auftauchen nach Lust und Laune, da liegt L'Isle. Ein Teich, von der Venoge gespeist, der sogar einen stolzen Schwan zu bieten hat, und dahinter ein Gebäude, das anfangs offenbar so rustikal einfach war, dass die Erwählte des Besitzers es vorzog, gleich wieder abzureisen, nur das vage Versprechen zurücklassend, dass sie erwäge zurückzukommen, würde man das Haus vernünftig ausbauen und renovieren. So ist dann daraus eine Gentilhommerie entstanden und die Schöne sei tatsächlich umgekehrt. Das Haus ist immer noch eine zugängliche Volksausgabe eines Schlosses geblieben verglichen mit dem arroganten Versailles oder dem paranoiden Herrenchiemsee. (Aber Sie haben inzwischen sicher bemerkt, dass ich das Aristokratengesindel nicht mag, und für mich ist es vielleicht eine der größten Leistungen der Schweizer überhaupt, dass sie ihr Land von dieser Plage haben freihalten können).

Der Röstigraben und die Seen im Mittelland

Wenn wir das schweizerischste aller Worte zu wählen hätten, was wäre das wohl? Meine Entscheidung ist klar: The winner is "Röstigraben".

Das ist die "welsch-deutsche" Grenzlinie, der Schweizer Limes, die eidgenössische "Berliner Mauer". Natürlich nicht mit Stacheldrahtverhauen gezogen und geschützt.

Die Leute hüben und drüben haben sicherlich nicht immer die gleichen Ansichten; aber manchmal scheint es mir, als machten sich Presse und Medien auch einen Spaß daraus, die Differenzen zu übertreiben und bewusst hochzuspielen. Wie die letzten Volksabstimmungen zeigen, liegen die Unterschiede oft viel tiefer zwischen Jung und Alt, Stadt und Land, als links und rechts des Trennstrichs. Wäre "Röstigraben" deshalb geradezu ein Schweizer "Unwort"?

Nun, ich will die Unterschiede auch nicht wegdiskutieren, aber was es wirklich auf sich hat mit ihnen, das könnten Sie selbst aufzuspüren versuchen, indem Sie einen Ausflug ungefähr entlang der "Grenzsteine" machten. Und der führt Sie auch so nebenbei an vier schönen Seen vorbei: dem Greyerzer-, dem Schiffenen-, dem Murten- und schließlich dem Bieler See.

Ich möchte Ihnen keinen genauen Weg vorschreiben, weil ja auch die Demarkationslinie nicht eindeutig ist; also gebe ich Ihnen nur einige Hinweise auf Orte, die, meine ich, in seiner Nähe liegen. Sie werden aber eine gute Straßenkarte für diesen Ausflug brauchen.

Am Gruyèresee bei Gumefens, wenn Sie da schon erhitzt sind, ist ein hübscher Rasenstrand, wo Sie auch ein Paddelboot mieten können. Und gleich darauf folgt eine Abzweigung über Sorens gegen die Pointe de Gibloux, von wo aus Sie bei schönem Wetter eine großartige Rundsicht auf alle die Seen haben, an denen Sie heute vorbeikommen wollen. Drunter, ungefähr auf gleicher Höhe, ist die Vogelinsel, für Ornithologen zur Nistzeit ein faszinierendes Ziel der Feldstecher. Sie könnten am Ende vom See, bei Rossens, auch wieder auf die Autobahn, sollten aber in Fribourg/Freiburg in Richtung Murten/Morat ausfahren.

Sie sind dann auf der in Läuferkreisen wohlbekannten "Murten-Freiburg"-Rennstrecke, aber auch an der welsch-deutschen "Wasserscheide" angekommen. Denn ich hätte genau so gut "Morat-Fribourg" sagen können. Nach dem Gefälle (für die Läufer in Gegenrichtung am Beginn der berühmt-berüchtigten "La Sonnaz"-Steigung) nach rechts gegen Barbarèche am Schiffenensee abbiegen, wo Sie noch Überreste von Burgen, wie übrigens auch in Petit- und insbesondere in Grand-Vivy, sehen können. Auf der anderen Seite vom See heißen die Orte "gutdeutsch" Bonn (das Versunkene), Schiffenen und Räsch. In Letzterem kann man auch Höhlenwohnungen besichtigen, in denen Eremiten gehaust haben sollen. Von Gurmels auf Seitensträßchen nach Murten. Es lohnt sich, die hübsche Innenstadt zu besichtigen. In Meyriez, im Hotel "Le Vieux Manoir" am See, können Sie sehr luxuriös dinieren und übernachten. Aber auch die nebendran liegende "Pinte de Meyriez" ist nicht zu verachten; bei eindeutig schonenderem Preis. Wie auch in Sugiez im "Restaurant de l'Ours". Überhaupt gibt es hier in jedem Dorf ein gutes Essen. An Wochenenden sind manche aber von Ausflüglern überlastet. Klar, hier nimmt man Fisch vom Murtensee und trinkt den freundlichen Weißen aus dem Vully-Anbaugebiet dazu.

Der Bieler See schließlich, Lac de Bienne. Natürlich kommen dem literarisch Interessierten hier gleich zwei Dinge in den Sinn: Die Petersinsel mit den Spuren Rousseaus, gegenüber der mir sehr sympathische Friedrich Dürrenmatt, dessen Kriminalgeschichte "Der Richter und sein Henker" in der Nähe vom "Bären" von Twann ihren Ausgangspunkt hat. Es ist die beste in dieser der deutschen Literatur leider fast fehlenden Gattung. Ein Glück, retten da doch die Schweizer Dürrenmatt und Friedrich Glauser einigermaßen die deutsch-sprachig prosaische Ehre. Statt Twann könnten Sie auch Douanne sagen oder Gléresse statt Ligerz – und so hat fast jedes Dorf hier zwei Namen.

Das Hotel “Ile Saint-Pierre” im bukolischen Rahmen und mit hübschen Zimmern, der Preis dem angemessen. Wenn Ihnen das Übersetzen im Schiff zu einfach vorkommt; dann können Sie von Ligerz aus rüberschwimmen, auch wettkampfmäßig an jedem ersten Sonntag im August. Das sind nur lächerliche 2,1 Kilometer und die Kleider werden Ihnen sogar rübergebracht. Auf der ganzen Länge des Ufers sind Badestrände und nicht weit davon mehr oder weniger feudale Restaurants, Bistros oder Kioske eingestreut.

Auch da trinkt man natürlich den Twanner oder Ligerzer, der aber nicht so leicht ist wie es der erste Eindruck vortäuschen könnte. Auch Dürrenmatts Kommissar Bärlach bekam davon einen schweren Kopf.

Wenn Ihnen noch etwas Zeit bleibt, dann können wir einen Besuch des sehr hübschen Örtchens Le Landeron, zwischen Bieler- und Neuenburger See gelegen, sehr empfehlen.

Ich habe ganz am Anfang dieses Berichts von der “Kunst der langsamen Annäherung” gesprochen. Nichts spricht dagegen, wäre vielleicht sogar logischer, dass Sie die Tour in umgekehrter Richtung von Norden aus auf dem Weg zum Genfer See unternähmen.

Und wenn Sie im Hotel angekommen sind, dann könnten Sie ja, jetzt an soviel Erfahrung reicher, versuchen, den Röstigraben in Ihrer Landkarte einzuzeichnen! Aber lohnt es sich überhaupt?

Die Seen in der Höhe oder ein Auge des Himmels im Fels.

Viele sind Stauseen und davon werden wir später reden. Wir erwähnen hier nur drei in den Bergen, die ohne Menschenwerk auskommen. Seen, die schon immer da waren, oder zumindest seit ein paar Tausend Jahren. Von den Gletschern aus dem Fels gerieben. Wo der sprudelnd schnelle Lauf des Wassers einen Augenblick aufgehalten oder auch vergessen wird und wie ein Auge in den Himmel gerichtet Ruhe und Harmonie vorspiegelt:

Lac Tanay,

von dem aus man eigentlich noch weiter aufsteigen sollte bis auf den Grammont, um vom Gipfel aus von der Südseite her über den See zu sehen. Das Gegenüber des Dent du Jaman und der Rochers-de-Naye.

Dazu umrunden wir das Ende vom Lac Léman, nehmen dann aber an der Rhonebrücke (Porte du Scex) die Straße ins Wallis bis Vouvry und von dort rechts hoch die Bergsträßchen bis Le Flon, wo wir das Auto stehen lassen. Eine gute Stunde Aufstieg. Am Tanaysee sind ein paar einfache Unterkünfte; die bekannteste "Chez Nicole" wird von Nicole Niquille, der ersten Schweizer Bergführerin, geführt, die sich leider verletzte. Vom Grammont aus gesehen ist der Genfer See großartig und versöhnt auch fast mit dem drüben mancherorts "über(be)bauten" Schweizer Ufer. Wem eine anstrengendere Tagestour nicht zuviel ist, der könnte von Le Flon aus über den Col de Verne die Cornettes de Bise besteigen und die Rundsicht auf die Savoyer Alpen genießen. Der Rückweg kann über den Lac Tanay erfolgen.

Wenn Sie aber lieber unten am idyllischen See bleiben wollen, dann sollten Sie ihn zumindest umrunden, bevor

Sie ein erfrischendes Bad drin nehmen. Achtung, Sie kommen vielleicht in einen Tumult sich tummelnder Kaulquappen.

Lac d'Aï et Lac de Maye

Das ist eine ganz einfache Sache. Die Seilbahn "de la Berneuse" übernimmt Sie von Leysin aus bis zum "Kuklos"-Restaurant. Von dort ist es eine Viertelstunde zum See d'Aï und eine weitere zum Mayensee. Nur die gut Ausgerüsteten sollten dann den Tour d'Aï besteigen.

Dieser Ausflug ist besonders interessant für jene, die sich mühsame Anstiege ersparen und gleich oben ankommen wollen.

Lac d'Anthème

Diesen Weg von Champéry aus schlage ich eher vor, weil es mich an das großartige, aber männer- (und frauen)-mordende Bergrennen "Tour des Dents du Midi" erinnert, das mich in früheren, fitteren Zeiten zweimal zerschunden hat (44 km; je 3000 Meter Höhendifferenz in Auf- und Abstieg!). Also haben Sie absolut nicht das Recht sich zu beklagen, wenn Sie in dem dagegen lächerlichen Höhenwegchen von Champéry aus etwas ins Schwitzen geraten. Leider hat der Sturm in den Wald ein paar Wunden geschlagen. Den Rückweg nehmen Sie am besten über die pittoreske Galerie Défago.

Der See oben ist kalt; nehmen Sie trotzdem die Badehose mit, wenn Sie Temperaturschocks ertragen. Herzschwache sollten sich aber enthalten.

Nur noch ein Wort zu Wasser und Gesundheit. Heißt es nicht "Gesundbrunnen" und der Pfarrer Kneipp stellte uns ins kalte Wasser und wir gehen ins Bad zum Kuren: Also, es gibt das eine nicht ohne das andere und es gibt dafür Bäder überall: Baden-Baden, Badenweiler, Abano, Bath und so weiter. Auch in der Schweiz und in der Welschen hat es eine Menge, die ich hier aber nicht aufzähle, weil Sie Ihnen Ihr Arzt besser empfehlen kann.

Persönlich kommt es mir nicht oft in den Sinn, ein solches Etablissement zu besuchen, es sei denn im Winter in Lavey-les-Bains bei St-Maurice wenn es schneit. Dann ist es mir ein ganz besonderes Vergnügen im warmen Außenbecken zu sitzen, um den Kopf aus dem wohligen Wasser zu strecken und mir die Flocken aufs Haupt fallen zu lassen. Einen Besuch vom Bad von Saillon mögen Sie nach dem später Beschriebenen beim Falschmünzer Farinet erwägen.

14

Wir ziehen noch etwas weitere Kreise ins Hinterland und sehen

dabei schöne Städtchen, eine verklärte Scheune, ausgestopfte Menschen-Frösche, aber inzwischen keine Briganten mehr. Hinterland! Muss man da nicht schon von Namens wegen einen Komplex bekommen gegenüber denen von der vornehmen Küste? Hinterland! Irgendwo hintan abgeschoben sein, abseits, weg vom Fenster und aus dem Weg in ein trübes Abstellzimmer; vom festlichen Eingang in den staubigen Hinterhof versetzt? Die Arroganz der Fetten erleiden, die an der Sonnenseite sitzen, und deren Spott ausgesetzt. Wer redet schon oder geht nach Clermont-Ferrand oder nach Birmingham? Paris und London schmeißen denen bestenfalls ein paar Krümel hin.

Aber bleiben wir hier in der Gegend. Die vom Hinterland waren wohl gut genug, um die Holzstecken und den Dung her zu schleppen für den sonnigen Weinberg. Aber auch das braucht man heute ja nicht mehr. Den Dünger besorgt man selbst bei der Lonza-Chemie und die Eisenstäbe für die Reben von der Fabrik. Nur beim alle 25 Jahre stattfindenden pompösen “Winzerfest” (“Fête des Vignerons”), da dürfen die Hinterländer noch ihre Kühe auf dem Festplatz von Vevey im Kreis rumtreiben und alle singen zu Tränen gerührt die geheime welsche Nationalhymne in Fribourger Sprache, “le ranz des vaches” (den “Kuhreigen”, den meines Wissens auch ein gewisser Wilhelm Kienzl für eine seiner selten oder nie gespielten

Opern ausgeborgt hat). Doch außer dem simplen Refrain kennt hier auch niemand den Text.

Sobald man den gleißenden See nicht mehr sieht, dann fallen auch schon die Grundstückspreise fast um die Hälfte!

Wer von Ihnen kennt – zumindest dem Namen nach – Moudon, Payerne und Romont? Obwohl Moudon einmal die Berner Hauptstadt des Waadtlands war, die Königin Berta (Reine Berthe) in Payerne lebte und Romont das Schweizer Glasmalerei-Museum beherbergt. (Jetzt verspotten die Lausanner sogar Moudon als den "Nachttopf des Kantons"!).

Nein? Das bräuchten Sie auch nicht zu sehen. In Ordnung! Man kann sich durchaus mit dem Quai von Montreux begnügen oder in einem Weinkeller in Cully, der Lausanner Cité oder an den Dornen der Genfer Rosen hängen bleiben.

Erinnern Sie sich, dass wir gleich zu Beginn kurz die Wasserscheide erwähnten, die durch "die Mitte der Welt" läuft, diesen an sich unscheinbaren Tümpel bei der Mühle Bornu bei Pompaples im Hinterland? Von wo aus das Wasser auf der Südseite des Teichs abfließt über Venoge, Genfer See und Rhone schließlich ins Mittelmeer und zum Äquator. Auf der gegenüberliegenden Nördlichen über Orbe und Aare in Rhein bis Grönland und das Eismeer. An den Ufern von einem malte Cézanne, an den anderen Caspar David Friedrich.

Man konnte kürzlich in einer Schweizer Gazette lesen: "Die Welten auf beiden Seiten sind sehr verschieden!"

Denn diese Trennlinie, die Furche, den Isthmus gibt es wirklich – nicht zu verwechseln mit dem sinnlosen "Röstigraben" –, wenn auch, wie vieles hier diskret und wenig auffällig. Und die beiden Teile haben sogar ihre Dichter: Der Bekanntere, der Bergler und Seeanbeter C. F. Ramuz, und dem gegenüber Gustave Roud, der einsam verschlossene Wanderer auf weiten Feldern und Hügeln. "Freunde" trotzdem, aber auf Distanz und mit gelegentlichen Sticheleien zum Thema Bestimmung ihrer Positionen im Schweizer Koordinatensystem. Ramuz' Lobpreisen von See und Bergen gipfelte darin, dass er seine Schweizer Herkunft gerade noch akzeptierte, aber als einer, der von den Ufern der Rhone stammt und deshalb eher ein Savoyarde ist. Dem stellte der schlichte Roud sein "Traktat vom Gehen in der Ebene" gegenüber. So erklärte er: "Notre monde sera, si vous voulez, ce pays presque inconnu qui monte du Léman vers le Nord et touche autres lacs". ("Unsere Welt sei, wenn Sie's verstehn, dies fast unbekannte Land, das vom Léman aus gegen den Norden aufsteigt und andere Seen berührt").

Das klingt ja schon fast wie eine Abkehr, eine kaum verhohlene Absage an den südlichen Glamour. Und Roud übersetzte wunderbar einfühlsam die deutschen Romantiker Brentano und Hölderlin. Letzterer schrieb auch dies:

"Die Stimme wars des edelsten der Ströme,
Des freigeborenen Rheins,
Und anderes hoffte der, als droben von den Brüdern,
Dem Tessin und dem Rhodanus …"

Wobei Rhodanus den Rotten bzw. die Rhone bedeutet. Und "droben" wohl eher "südlich" meint.

Aber, verlassen wir die Literatur wieder und wenden wir uns Handfesterem zu. Lausanne und Genf, aus Prinzip oberflächlich zerstritten, nähern sich in der Seenähe

politisch doch immer mehr an. Man spricht sogar schon, wenn noch hinter vorgehaltener Hand, vom Zusammenlegen der Kantone. Zumindest passiert schon etwas im Hochschul- und Gesundheitswesen. Logisch! Globalisierung in einem ganz vernünftigen Westentaschenformat.

Und das Hinterland!? Da hieß es in einem Artikel der Neuen Zürcher Zeitung: "Mit der Dynamik am See kann das Hinterland nicht mithalten." Und wenn sie dort gescheit sind, dann haben sie gemerkt, dass sie von Lausanne und Genf nicht viel zu erwarten haben, sondern nur von einer größeren Interessengemeinschaft "Mittelland" zusammen mit Fribourg und Neuchâtel und vielleicht sogar wieder mit den bösen Bernern. Wie es ja früher schon mal war. So käme schließlich die Wasserscheide endlich zu ihrem Recht und man ließe die schönen Menschen am See zusammen mit Lyon, Camargue und Marseille alle paar Jahre ihr "Rhodanisches (Rhone-)Fest" ganz alleine feiern. Und die braven Leute von Moudon leerten den Nachttopf nur in den südlichen Abfluss des Teichs in der Mitte der Welt!

Das brauche Sie als Tourist überhaupt nicht zu interessieren, meinen Sie nochmal. Entschuldigung! Dann lassen wir's eben endgültig.

Nach Gruyère sollten Sie trotzdem, dem netten kleinen Städtchen. Es ist wirklich pittoresk und da können Sie in der Käserei zuschauen, wie man den "Greyerzer" macht. Nach dem Schreck in Gygers "Alien"-Figuren-Ausstellung im hübschen Schloss können Sie sich im Ort selbst bei Meringen, Erdbeeren und dem fetten Doppelrahm wieder in die hier angebrachte zufriedene Gemütsverfassung zurückversetzen lassen.

Am Einfachsten ist es, das Ganze natürlich mit dem "Schokoladenzug" von Montreux aus mit seinen "Belle Epoque"-Panoramique-Wagen zu besichtigen.

Das Weitere aus dem Prospekt: "... alle ausschließlich in 1. Klasse, fährt von Montreux nach Gruyère zur Besichtigung der bekannten Schaukäserei, des Städtchens und des Schlosses. Der Transfer vom Bahnhof ins Städtchen und zurück ist für die Fahrgäste mit einem Extrabus organisiert und der Zwischenhalt so ausgelegt, dass ein Mittagessen problemlos eingenommen werden kann. Da sollte man sich die bekannten Desserts mit dem Greyerzer Doppelrahm auf keinen Fall entgehen lassen.

Drei Symbole vom Greyezerland:
Schindeldach, Schloss Gruyère und Hausberg Moléson

Anschließend geht die Fahrt dann weiter nach Broc-Fabrique. Der Zug hält direkt vor der Schokoladenfabrik Cailler-Nestlé, in welcher die Fahrgäste nach einem kleinen Rundgang und einem Film, welcher die Herstellung der Schokolade erklärt, in den Genuss einer außerordentlich süßen "dégustation à volonté" (soviel man runterdrücken kann) kommen. Zuletzt besteht die Möglichkeit, die verschiedensten Schokoladen-Produkte direkt ab Fabrik einzukaufen. Dieser äußerst interessante Tagesausflug findet jeden Mittwoch (ausgenommen 1. und 15. August) statt und ist an jedem Schweizer Bahnhof erhältlich".

Es gibt auch einen "Fondue-Zug" über Montbovon.

Jemand fragte mich, ob sich das wirklich lohne, die Käse- und Schokoladenherstellung anzuschauen, wo das einzig technisch gesehen Interessante wohl darin bestehe, dass man die verderbliche Milch in eine andere halt- und essbare Form überführe? Und ob ich nicht wisse, dass in Bayern und Holstein auch rechter Käse gemacht werde und bei ALDI der Riegel "Schokolade" sicher weniger koste als selbst im Nestlé Staffshop!? Ich gab ihm Recht und entgegnete, dass er zu Hause bleiben solle oder die mitgebrachte "Schokolade" vom ALDI essen sowie eingeschweißte deutsche Käseschnitten.

Kämen Sie aber zufällig am Samstag in die Gegend, dann könnte man Ihnen den Besuch des neben der – dann leider geschlossenen – Schokoladenfabrik gelegenen Elektrizitätswerks empfehlen, dessen Strom man für Ersteres braucht. Anschließend sollten Sie dann einen Spaziergang machen durch die nicht allzu gefährliche, aber doch einige Emotionen auslösende Jaunbachschlucht (Jogne) bis hoch zum Montsalvens Stausee, zurückgehalten von der ersten Bogenmauer Europas.

Alles über "Attraktionen abseits des Alltäglichen" (so der Prospekt) wie Natur- und Waldlehrpfade, Fahrten mit den drei verschiedenen Bahnlinien des Greyerzerlandes und sechs verschiedene thematische Wanderungen um Gruyère und Charmey (eine geht sechs Tage über Berg und Tal von Kapelle zu Kapelle) können Sie vom Verkehrsbüro in Charmey/Kanton Fribourg erfahren.

Eigentlich können wir von Gruyère aus, wenn wir mit dem Auto unterwegs sind, in zwei Richtungen abzweigen: Die eine über den Jaunpass oder die andere über das Oberland (Pays d'Enhaut) gleich in Richtung Gstaad. Beide Straßen treffen sich bei Zweisimmen, so dass wir gut einen

Rundkurs einplanen können. Auf beiden Seiten gibt es einige Überraschungen! Auf erstgenanntem Parcours sollten Sie kurz nach Crésuz in Richtung der "Valsainte"-Kartäuser-Klause abbiegen, und das aus möglicherweise zwei Gründen: Zuerst, weil Sie sich vielleicht dort für eine Ihnen sicher guttuende Woche der Einkehr angemeldet haben. Zweitens aber (lassen Sie doch das Auto stehen in der Nähe vom Kloster), weil nur gerade ein paar Hundert Meter weiter oben sich die "Pinte des Mossettes" befindet, das nach meiner Meinung interessanteste Restaurant der Schweiz und wohl darüber hinaus. Insbesondere wenn die Kreativität das Kriterium ist und Sie etwas zu Essen bekommen wollen (mit unbekannten Blättern, Blumen und Wurzeln), das Sie garantiert nie zu Hause selbst kochen könnten. Das meist thematisch aufgebaute Menü (abends) ist sogar eine weite Reise wert. Sind Sie aber an der Abzweigung von der Hauptstraße vorbeigefahren, dann brauchen Sie auch nicht gleich zu verzweifeln. Auf der Höhe vom Ort Jaun führt ein schmaler Weg hoch nach dem kleinen Dorf Abländschen unter den schroffen Gastlosen-Bergen. Es ist wild und schön dort; aber was mich vor allem anderen fasziniert, das sind die Namen. Würde ich je einen Roman schreiben können vom einsamen Ort unter einem drohenden Berg und dem davon bestimmten Treiben der Menschen, dann könnte ich mir keinen besseren Namen als "Abländschen" für den Ort und "Gastlosen" für das Gebirge ausdenken.

Die andere Route durchs Oberland führt zuerst über Rossinière und ich habe, glaube ich, schon eines der schönsten Bauernhäuser mit den hundert Fenstern erwähnt, in dem der große Maler Balthus wohnte und das, hoffe ich, eine Ausstellung seiner Werke einmal auch dem

Besucher zeigen wird. Weiter geht's nach Château-d'Oex und schauen Sie sich dort die im hübschen Heimatmuseum ausgestellten Scherenschnitte von Hauswirth (und Saugy) an. Kleine Wunderwerke. Heute ist das Scherenschneiden wieder aufgekommen und man kann die Bilder im Ort erwerben. Aber ich weiß nicht, sie scheinen mir so leblos geworden, verglichen mit denen des Taglöhners Hauswirth, der allein und außerhalb vom Ort am Eingang der Schlucht hauste. Für dessen klobige Pratzen musste man die Griffe der Schere aufbrechen, damit die Finger reinpassten, mit denen er die filigranen, fast flatterhaften leichten Formen aus dem Papier zauberte.

Auf der nächsten Seite sehen Sie eine Poya, diese schönen Naivmalereien vom Almaufzug, die an den Fribourger Bauernhäusern angebracht sind.

Dort in Château-d'Oex steigen auch die Ballonfahrer auf; wie auch der erste erfolgreiche Ballon-Weltumsegler Bertrand Piccard. In Saanen (wir bewegen uns hier auch oft an der Sprachgrenze) brachte Yehudi Menuhin vielen jungen Leuten das Musizieren bei. Dann biegen wir ab nach Gstaad, dem feinen das Understatement pflegenden Ferienort, der die Villen der Reichen irgendwo, dezent als "einfache" Holzhäuser getarnt, versteckt hält.

Anderswo im Hinterland? Gehen oder fahren Sie trotzdem nach Moudon, Romont und Payerne! Im Falle, dass Sie eine Mentalität hätten, die Sie anregte, neben Hamburg auch Stade und Buxtehude sowie bei München auch Starnberg und Freising besuchen zu wollen, sehen Sie sich die obere bernische Stadt von Moudon an, die gotische Stephanskirche aus dem 13. Jahrhundert. Man isst gut in der Gegend und reichlich. Payerne hat die schönste romanische Kirche der Schweiz aus dem 11. Jahr-

Jahrhundert und Romont, das auf dem Bergrücken liegt wie ein gestrandetes Schiff, eine imposante Silhouette.

Das Schweizer Museum für Glasmalerei befindet sich dort im Savoyardenschloss; leider nicht mehr im Ort alle Handwerksbetriebe, die früher kostbares Papier schöpften und Glas zogen. In sechs Stunden kann man einen "Rundgang" durch mehrere Kirchen der Umgebung mit sehenswerter Glasmalerei machen; auch das Frauenkloster "Fille-Dieu" ist dabei. Sprichwörtlich ist dies und der Ort geworden durch die Kulturzeitschrift "du", die eine ganze Ausgabe diesem "Provinz"-Städtchen widmete. Weil Kloster und der Amusementschuppen "La Poularde" – mit Striptease und etwas mehr Sex am späteren Abend nicht ausgeschlossen – gerade nebeneinander liegen, kommentierte die Äbtissin: "Gott hat eben Humor". Und eine mir bekannte in Romont wohnende junge Ärztin, die gerade um ihren Job bangte, veranlasste das zur Bemerkung, dass ihr so ja gleich zwei Möglichkeiten der Berufsumorientierung offen ständen: Bardame oder Klosterfrau.

Die Gegend ist angenehm und harmonisch; ohne jedoch groß anzugeben. Weiter kann man fragen, wie man sich denn am besten mit dieser Landschaft anfreundet. Ich habe keine Sekunde mit der Antwort zu zögern, weil ich diese selbst zum Großteil abgefahren habe: Mit dem Fahrrad. So kann man mit der Organisation "BikeBroye" 20 verschiedene Routen auswählen; diese stellt das Fahrrad, reserviert Unterkunft, transportiert Gepäck, stellt Landkarten zur Verfügung und ermöglicht kostenlosen Eintritt in Museen, Kirchen, etc.

Und ein letzter Vorschlag: Fahren Sie im Wagen einfach kreuz und quer im Viereck zwischen Lausanne – Bulle – Fribourg – Yverdon spazieren. Immer auf Nebenstraßen bleiben, dann einkehren in einer der Dorfbeizen, an einem Flüsschen anhalten und sich über jeden Umweg freuen.

Am Tag danach haben Sie ja sicher wieder ein genau eingeplantes Genfer-See-Ufer-Programm.

Aber jetzt hätte ich doch beinahe einiges vergessen; zwei sind sogar in der Überschrift erwähnt: Dass nämlich in Estavayer's Mini-Museum Frösche ausgestellt sind, die wie Menschen aussehen, oder vielleicht ist es auch gerade umgekehrt.

Dann noch etwas anderes Kulturelles: Auf der Straße zwischen Lausanne/Vevey und Moudon liegt das Dorf Mézières und darin wiederum das "Théâtre du Jorat". Das ist die typischste Waadtländer Kulturinstitution; die "Verklärte Scheune", in der in ganz rustikalem Rahmen (d.h. harte Banksitzreihen; ein Kissen mitnehmen oder leihen!) oft ganz außerordentliche Opern- und Theateraufführungen stattfinden.

Und schließlich: In den dunklen Wäldern des Jorat zwischen Bern und Lausanne konnte man früher von Wegelagerern wie dem "Großen Pierre" aufgelauert und geschröpft werden. Bis man diese schließlich auch in Ouchy köpfte, und das hat irgend etwas ebenso bizarr Unschweizerisches wie auch das "Kopf ab" vom Volkshelden Major Davel, was gleich nebenan passiert sein musste. Oder, wenn Sie wollen, die Exekution des "Landesverräters Ernst S." im Zweiten Weltkrieg, von der Nikolaus Meienberg berichtete (bevor er sich, wohl auch davon deprimiert, selbst umbrachte). Aber was wäre das auch für ein Krieg gewesen, in dem die Obristen nicht zumindest einen Verräter/Deserteur hätten füsilieren dürfen? Das gehört doch einfach dazu.

Hinrichtungen scheinen hier mir irgendwie einen eigenartig irrealen Flair zu haben, wie die von der Königin in "Alice im Wunderland" geforderten, die dauernd wild herumschreit: "Off with her head! Off with her head! Off with ..."

P.S.: Das hätte ich fast vergessen. Diese Meldung passt hierher, weil sie sich auf viel Schönes, sonst Verstecktes bezieht, das auch im Hinterland zum Ansehen geöffnet wird. Es sind die "Kulturtage" (Journées du Patrimoine), die in regelmäßigen Abständen durchgeführt werden und eben auch sonst Verborgenes für Sie zugänglich machen.

ab und zu vorbei. Dazu schöne Brücken, Türme und große Koordinaten. Die Fribourger seien traditionell, eher ländlich und beharrlich, sagt man ihnen nach (und nur böse Zungen und platte Witzemacher behaupten: etwas ungewaschen). Man würde – und das beweist schon das wenig Sinnvolle von Allgemeinurteilen – deshalb gerade nicht glauben, dass aus dieser Stadt zwei der schillerndsten Figuren kommen, die in den obigen Katalog nicht recht hineinpassen wollen: Es sind dies der fantastische Figurenmacher und "Aus-Altmetall-und-Abfall-Zauberer" Jean Tinguely mit seinen nur unsinnig erscheinenden Maschinen und sein Freund, der hier unvergessene in Silverstone tödlich verunglückte Formel-1-Fahrer Jo Siffert. Im Basler Tinguely Museum (leider nicht Fribourger, da gibt es zumindest einen ihm gewidmeten "espace") sind auch die für mich erstaunlichsten modernen Kunstwerke der Schweiz und weit darüber hinaus zu besichtigen: Neben dem "furchtbaren" Mengele-Hochaltar auch die "Poya" und der "Isenheimer". Und das mich voll in Herz, Kopf und Magen treffende Heiligenbild "Lola T.180", einem anderen Rennfahrer, Joakim Bonnier, – in memoriam – gewidmet. Den gecrashten Gran Turismo Wagen, in dem dieser in Francorchamps tödlich verunglückte, hat Tinguely aufgeschweißt und fürs todtraurige Requiem als Flügelaltar "ausgeschmückt".

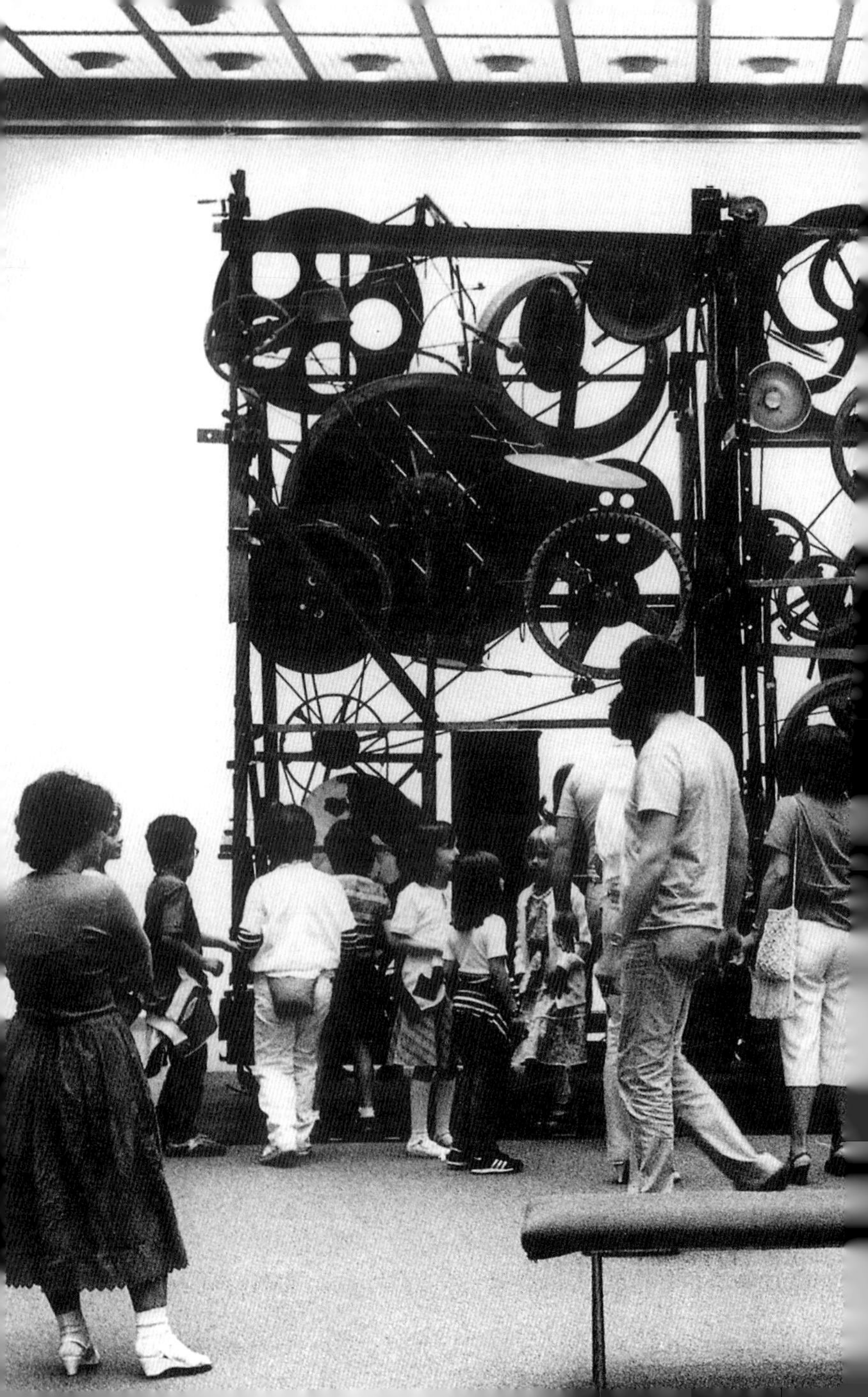

So liefert Fribourg, die Traditionelle, dank Tinguely auch die Andenken an halbverkohlte Mengele-"Erntemaschinen" und zerrissene Autokörper. Auf Schweizer Gebiet darf man übrigens keine Autorundrennen fahren, und schon gar nicht im Kanton Fribourg. Also, Sie sehen, dass auch in der braven Schweiz nicht alles ganz so einfach ist!

Freiburg, oder wer ist die Schönste im ganzen Land?

Natürlich ist die Ausfahrt auf der Autobahn groß angezeigt; aber es ist doch für die meisten eher eine "Vorbeifahrstadt". Jetzt sollten wir uns vielleicht endgültig darauf einigen, zu dem welschen "Freiburg" … Fribourg zu sagen, und sei's nur, um Verwechslungen mit dem Breisgauer Namensvetter zu vermeiden. Obwohl, die beiden passen eigentlich ganz gut zueinander und man könnte dem interessierten Reisenden durchaus vorschlagen, zur Einstimmung auf dem Weg ins schweizerische Fribourg einen Zwischenhalt im deutschen Freiburg einzulegen.

Sie könnten mich fragen, warum man eigentlich nach Fribourg gehen sollte. Aber da hab' ich wirklich sofort eine Antwort parat, entlehnt von jenem gescheiten Manne, der sagte: "Wenn Sie schon nicht bis nach Prag kommen, dann gehen Sie zumindest bis nach Fribourg." Man könnte natürlich sogar etwas verwegener argumentieren: "Wenn Sie in Fribourg gewesen sind, dann können Sie sich mit der Reise nach Prag noch etwas Zeit lassen."

Nun stehen eigentlich dem kleineren und etwas verschwiegenen Fribourg großartige Vergleiche, Übertreibungen und zu hochgestochene Erwartungen gar nicht gut und es kann auf "really marvellous!" Aufschreie von vor Rührung und Ergötzen erbleichenden amerikanischen oder japanischen Touristen gut verzichten. Die fahren besser gleich nach Paris. Die Stadt hier eignet sich weniger dazu, von zehntausend klickenden Leicas und Minoltas hunderttausend Mal fotografisch ausgeschlachtet zu werden. Ich könnte mir, zwar völlig sinnlos, vorstellen, dass sie es sogar ablehnt, sich jedem für diese aus Silberjodid oder neuerdings Pixels auskristallisierten und mehr oder weniger verwackelten, vermasselten Bilder überhaupt herzugeben.

Fribourg ist für mich eine Stadt "Zum-sich-Zeit-lassen" und gar nichts Besonderes erwarten, nur zum spazierengehen, anschauen, sich einfach ohne Eile umsehn und nicht hinter jeder Ecke oder nach jedem Winkel schon wieder ein fantastisch scharfes Bild erwarten. Steht eher für weichgezeichnete Ansichten, die den Schauenden dann umso mehr beeindrucken. Natürlich gibt es aber für den Wissenshungrigen eine Menge zu bewundern.

In dieser Stadt ist für den Besucher eine sonst oft weniger gewohnte Dimension wichtig; nämlich die der Vertikale. Worte kommen hier immer wieder vor, die in anderen Städten, wie zum Beispiel meiner flachen Heimatstadt, kaum eine Rolle spielen: Stiegen, Unterstadt, Gefälle, Zahnradbahn. Und dazu das horizontale Pendant, dagegen gestellt und dazu gehörend: die Brücken. Das sind die Querverbindungen, die wie riesengroße Wäscheleinen oder für Seiltänzer ausgespannte Drähte die Abstürze überwinden. Die man braucht, wie zwischen den Mauern eingeklemmte Balken, um die zerklüftete Landschaft aufrecht zu halten, abzustützen, und auf denen man hin und her, rüber und nüber balancieren kann.

Wie auch Bern liegt Fribourg in einem Flussbogen, der Sarine (Saane auf deutsch). Wie Bern wurde sie von den

Zähringern gegründet, Berthold IV. Fribourg und dessen Nachfolger Berthold V. dann Bern. Also ist Fribourg eher die schlichte Mutter, Bern die herausgeputztere Tochter.

Zuerst ein Rat: Fahren Sie doch mit dem Zug hin. Diese fahren stündlich. Wenn Sie doch das Auto nehmen wollen, dann müssen Sie sich mit dem Parkplatz selber helfen. Neben dem Bahnhof ist das Touristenbüro; war aber geschlossen zwischen zwölf und zwei? Da ist Besuchern offenbar der offizielle Eintritt in die Stadt verwehrt oder er hat zumindest keine Fragen zu stellen. Aus dem Bahnhof tretend, gehen Sie nach links, die großartige Kathedrale im Visier. Die Rue de Lausanne gibt Ihnen schon eine gute Einführung (beinah wörtlich zu nehmen!). Fribourg ist eine katholische Stadt, eine der Kirchen, Klöster und Konvente. Die wichtigsten: die St-Nicolas-Kathedrale; die der Cordelier (Franziskaner) und die der Augustiner. Wenn ich "cordelier" höre, dann erinnert mich das gleich an den revolutionären Club der Hébert, Desmoulins und Danton, die in einem verlassenen Pariser Franziskanerkloster das Feuer der Revolution ansteckten. Das brauchen Sie hier nicht zu befürchten. Sie können sich ruhig die Kirchen anschauen. Revolutionäre sind hier selten und die Bürgerlichen haben ihre Sünden im Griff.

Man sagt, dass Fribourg die reichste Schweizer Stadt an Skulpturen sei. Mit beeindruckenden Zeugnissen vom Basrelief aus dem 10. Jahrhundert, in Kalkstein gehauen, über Gothik und bürgerliche Renaissance von ungefähr 1400 bis 1550 bis zum Barock. Die Kunstliebhaber sollten sich nicht scheuen, das Fribourger "Musée d'Art et d'Histoire" anzufragen für vorbereitende Informationen.

Dann die Türme, die sieht man überall und die passen auf die Häuser und Brücken auf. Soll ich sie alle aufzählen, die Tours Rouge, de Dürrenbühl, des Chats, des Prisons, Portes de Berne et Morat. Das ist hier das Wichtigste, die geradezu mystische Geometrie von Brücken und Türmen; das Wunder gegeneinandergestellter Winkel und Koordinaten.

Ein Glück, nicht alles ist hier "schweizerisch" gepflegt, geschniegelt und eingefasst und man hat noch etwas Platz (und Zeit) fürs Unberechenbare. So, als müsse nicht alles ganz am vorausgeplanten Ort sein. Da gibt es immer noch das touristisch Nutzlose; Sachen, die umso sympathischer sind, weil unerwartet, und die in keinem gleich mit der reinen Raison ersichtlichen Zusammenhang stehen. So findet man irgendwo unten beim Fluss in einem Hinterhof (zu was oder wem gehört der?) eine Batterie von Hasenställen und etwas weiter sitzt ein Gipslöwe unter einem vom sorgenden Besitzer aufgestellten Plastikdach. Ich fragte einen Kleriker, den Bruder eines Klosters in der Nähe, nach dem Weg, und dann haben wir fast eine Stunde miteinander geredet und am Ende hätte ich fast geschworen, dass er doch mein Bruder sei. Und verdammt noch mal, ich fürchte fast, dass ich hier sogar noch fromm werden könnte. Andererseits hätte auch Meyrinks Golem aus dem fernen Prag in Fribourg Ferien machen können. Oder war er das sogar, verkleidet?

Um diese Gedanken zu verscheuchen, ging ich ins Quartier der Schmiede (des forgerons) über die wunderbare kleine Berner Brücke und dann weiter in die Schlucht von Gottéron und da sah ich noch zwei andere über mich gelegt und ausgespannt, großartige Passerellen durch den Himmel, und auf der höchsten waren die

Ameisenmenschen so weit und unerreichbar weit weg von mir wie nirgends sonst auf der Welt. Was würde ich tun, wenn nun dort oben gerade die große Liebe meines Lebens drübergegangen wäre … ?

Aber eigentlich kam ich wegen etwas anderem hierher: Ich hatte nämlich (wahrscheinlich fälschlich) gehört, dass früher hier die Dirnen wohnten; ganz am Ende des Wegs gegen die Schlucht. Und auf dem Rückweg könnte man ja danach ins alte Badehaus gehen, und wenn man über den Stalden die Hunderte Treppen hinaufsteigen würde, dann sollte man versuchen, sich das nachher schon als einen reinigenden Pilgergang anrechnen zu lassen. Aber ich habe keine gefunden …

Jetzt komme ich noch zu etwas anderem: Fribourg als Sportstadt. Wie anderswo erwähnt, endet hier der wohl älteste große Volkslauf der Welt, der Murtenlauf über 17 km. Also, wenn Sie ein Sportler und Läufer sind, dann wäre das auch ein Vorschlag: einen Tag vor dem Lauf in Murten/Morat, dem schönen alten Städtchen zu übernachten; dann den Lauf und eine Nacht/Tag dranhängen in Fribourg. Der Murtenlauf findet jeden ersten Sonntag im Oktober statt.

Dann das Fribourger Eishockey. Das ist etwas anderes als in anderen Städten. Wenn der Club wieder einmal mit sportlichen oder wirtschaftlichen Schwierigkeiten zu kämpfen hat, dann ächzt und leidet die ganze Stadt, aber irgendwie zieht man sich immer wieder aus dem Dreck. Selbst im neugebauten Hallenstadion frischt dann noch einmal der rauhe Wind der populären Unterstadt – des Gottéron – auf, wo früher auch der offene Eisplatz lag.

Fribourg ist wirklich voll von sympathischen Beizen und Restaurants; schließlich ist es eine Universitätsstadt

mit entsprechendem Umtrieb auch außerhalb des Hörsaals, und dass viele hier Theologie studieren, drückt sich nicht in Trübsinn aus. Ein gutes aber auch nicht ganz billiges Restaurant ist das "La Fleur-de-Lys", schön gelegen ganz unten am Fluss, gerade neben der Berner Brücke. Dessen ehemaliger Chef, Pierre-André Ayer, hat inzwischen das ebenso empfehlenswerte "Les Pérolles" eröffnet. Er ist Mitglied der "Jeunes Restaurateurs d'Europe", von denen es mehrere in der Romandie gibt. Außerdem sind das Bahnhofs-Restaurant und die "Auberge de Zähringen" zu erwähnen (unter den etwas teureren). Für Erstgenannte wäre zu wiederholen, dass man in den Bahnhofsrestaurants (Buffets de la Gare) in der Schweiz im Allgemeinen sehr gut isst. Nur müssen Sie sich entscheiden, ob Sie "unten" einfach und billiger essen wollen (im Buffet) oder sich in die "première classe" begeben, wo eine größere Auswahl wohlbereiteter Speisen angeboten werden. Die Weinkarten dort sind meist imponierend. Ich esse gern gemütlich in der Nähe der Züge, denn sich viel Zeit zu lassen an einem Ort, wo die meisten Leute es eilig haben oder auch zu lange warten müssen, das hat doch einen ganz besonderen, fast lasziven Reiz.

Beinahe hätte ich vergessen zu erwähnen, dass die "Landwehr" von Fribourg die beste und bekannteste Blaskapelle der Schweiz ist und das "Fri-Son" einer der interessantesten Rockschuppen. Und das "Théâtre des Osses" ist schon alleine deshalb zu erwähnen, weil es manchmal dasselbe Stück einmal in Französisch und dann auf Deutsch spielt.

Fribourg ist einfach ein kleines und – ein Glück – nicht allen verständliches und offenstehendes Wunder!

16

Über zwei Städte im Kanton Neuenburg, mit etwas Aristokratie und Rebellion,

sowie drei Puppen, die sich als bessere Menschen erweisen. Weiter weg vom Genfer See verschwimmen für mich etwas die territorialen Zusammenhänge. Zwischen Stadt, Land(schaft) und Kanton. Wenn ich etwa La Chaux-de-Fonds höre, dann denke ich gleich an den Jura. Aber ans Land, die grünen Hügel. Doch die Stadt liegt im Kanton Neuenburg, nicht im Jurakanton. Mit Neuchâtel ist das gottseidank einfacher; Stadt und Kanton ist dasselbe.

La Chaux-de-Fonds und Neuchâtel wiederum sind im gleichen Kanton, haben aber außer Uhren und Kanton kaum etwas gemeinsam. Den Hauptort, Neuchâtel, muss ich erwähnen, und La Chaux-de-Fonds als größere (mir fast sympathischere) Stadt, mag ich nicht unterschlagen.

Zur Eidgenossenschaft kamen die Kantone Jura und Neuenburg spät, wenn auch zeitlich weit auseinander gelegen. Neuchâtel 1815 zusammen mit den anderen welschen Kantonen Genf und Wallis, bis dato französische départements. Aus Napoléons Waterloo wurde gut Kapital geschlagen! Der jüngste Kanton Jura kam erst 1978 dazu, als die Abtrennung und Unabhängigkeit des französisch sprechenden Teils von den immer noch bösen Berner Besetzern "erkämpft" wurde.

Das erschien mir immer als ein bisschen politisch kleinkariert. Aber so bekamen die Jurassier auch etwas ab vom De Gaulle'schen "Vive-le-Quebec- (pardon, Jura-) Libre"-Erlebnis der Freiheit; und es mag ihnen gegönnt sein. Ich bleibe aber lieber beim völlig unpolitischen Inhalt des Wortes als dieses kalkige und oft kalte Mittelgebirge nördlicher Weite, das uns mit seinen Tannen und welligen Matten mehr an Skandinavien als an südlich Mittelmeerisches oder auch den Neuenburger See und den Wingert erinnert. Und das sich von Basel über die Kantone Jura, Solothurn, Neuchâtel und Waadt weiter bis nach Genf und Frankreich hineinzieht.

Wir reden hier ja eher vom Sommer, aber es mag typisch sein, dass die Brévine, ein im Winter nebliges Jura-Hochtal, oft der kälteste Ort Mitteleuropas ist. Und so sind die Menschen der Gegend eher still, grüblerisch, aber auch aufsässig und nonkonformistisch. Dorther, wie aus La Chaux-de-Fonds, kommen die Abtrünnigen und Aufmüpfenden, die Ausreißer wie Le Corbusier, aber auch die tüftelnden Uhrmacher, der Autobauer Chevrolet sowie jene, die den Absinth brauen. In "La Tchaux", wie die Einwohner liebevoll ihre Stadt nennen, Hochburg der Uhrmacherei, saßen auch immer schon die "Roten" (inwieweit es einem Schweizer überhaupt möglich ist, einer zu sein. Aber viele Ausländer mischten mit!). Neuenburg unten im milden Tiefland, am See, ist gesitteter und beinah nobel, eher brav und die Wogen glättend. So, als müsse es ein herrschaftliches Gegengewicht zum unbotmäßigeren Hinterland bilden. Aber es ist fast zu befürchten, dass sich die Unterschiede langsam ausgleichen, seit man den beide Städte trennenden Berg mit einem Tunnel durchstochen hat, die Vue des Alpes. Eine kommunizierende Röhre.

Es wird behauptet, man spreche in Neuenburg auch das sauberste Französisch. Höhere Töchter gehen, oder gingen zumindest, dort aufs Internat. Und sicher nicht nach La Tchaux.

Doch ich möchte die Vergleiche auch nicht überstrapazieren. Und so sage ich einfach etwas übers eine und übers andere und überlasse es Ihnen, die Verbindungs- oder auch die Trennlinien zu ziehen.

Stadt Neuchâtel, das ist zu allererst der gelbe Kalkstein und im Abendlicht könnte man fast glauben, in einen milden Sonnenuntergang der Toskana geraten zu sein. Alexandre Dumas meinte offenbar, Neuchâtel wirke auf ihn "wie eine Skulptur aus Butter". Nun ist ja auch das Neuenburger Wappen dem italienischen zum Verwechseln ähnlich; rot-weiß-grün, ins rote Feld ist fast etwas verschämt das weiße Schweizerkreuz versteckt.

Wenn Sie mich fragten, welches Tätigkeitswort mir hier zuerst einfalle, dann würde das vielleicht heißen: "Es-sich-gut-gehen-lassen". Da haben selbst ein paar Jahrzehnte preußischer Oberhoheit in den Zeitaltern der Monopoly-Spielereien mit ganzen Ländereien, die seinerzeit scheinbar zum Zeitvertreib veranstaltet wurden, nichts geändert.

An schönen Nachmittagen und Abenden scheint die halbe Stadt in ein Straßencafé verwandelt zu sein und nachts geht es in den Discotheken weiter ...; erst kürzlich entbrannte ein erbitterter Streit darüber, wie weit in den Morgen hinein die Nachtbars und andere dunkle Brutstätten für Nachteulen an Wochentagen offengehalten werden dürfen.

Doch lassen wir uns nicht täuschen; inzwischen hat sich in der Gegend – und sicher auch angezogen von ihr –

eine hochmoderne Mikrotechnik- und zugehörende Informatik-Industrie angesiedelt. Davon profitierend, dass in diesem Uhrmacherland das Gefühl für Qualität und Rechtschaffenes, selbst nach der (inzwischen quasi überwundenen) Krise, nie verlorengegangen ist. So ist hier fast ein Schweizer Silicon Valley entstanden. Das ist es vielleicht, noch besser ausgedrückt, was ich vorher sagen wollte: Die Gegend am See hat fast etwas "Kalifornisches" und mit dem Weinberg dazu auch vom Napa Valley.

Der Neuenburger See ist der größte "Schweizer", d. h. gehört den Helvetern, im Gegensatz zum "Genfer" und dem zweitgrößten, dem Bodensee, ganz allein. Darauf kann man auch die längste Schiffsreise der Schweiz unternehmen. Vom schönsten Barockstädtchen des Landes aus, Solothurn, auf der Aare, dann über Bieler- und Neuenburger See bis Yverdon. Das Beruhigende daran ist, – ganz einfach – die gemütliche Reise durch See, Kanal, Schleuse und Fluss. Ohne Eile, hörig nur dem leichten Schlag der Wellen und dem Wind.

Das Beste hebe ich mir für den Schluss auf. Das würde ich, hätte ich zu bestimmen, den sieben Weltwundern als achtes anfügen. Es sind die wunderbaren "Automaten" des Pierre und Henry-Louis Amez-Droz und Jean-Frédéric Leschot: Die Klavierspielerin, der Zeichner und der Schreiber. Nun ist für sie das Wort Automat eigentlich das Schlechteste, das man sich aussuchen kann; es sei denn, man definierte es als die ideale Illusion des Lebendigen, der absolut richtigen und natürlichen Bewegung, die wir uns ausdenken, aber selbst nicht fertigbringen können, sondern eben nur die Marionette. Im Musée d'Art et d'Histoire in Neuchâtel werden sie für uns lebendig jeden ersten Sonntag im Monat … Auf dem ersten Bild zum

Kapitel haben Sie einen kleinen Einblick in die Anatomie eines Wunders.

Dann gibt es noch ein Zweites ganz anderer Art: “La Maison du Prussien”. Auf Capri, Sylt und auch am Neuenburger Seeufer kann man ja schöne Aubergen eingebettet in sanfte Landschaft erwarten. Hier aber finden Sie eine Höhle Ali Babas zwischen Lokalbahn, Autobahnzubringer, im Industrieviertel gelegen. Es ist reine Zauberei, eine Oase.

La Chaux-de-Fonds, sagen manche, sei “das größte Dorf der Welt”, andere nennen es “das Eldorado in den Bergen” und Bösartigere schließlich “die letzte Stadt”. Aber nähern wir uns ihr langsam und der Reihe nach. Am 5. Mai 1794 brach gegen ein Uhr morgens im Haus von Daniel Grisard ein Brand aus und zerstörte das Dorf. Da blieb also nichts von dem übrig, auf was die Schweizer sonst so stolz sind, nämlich das historische Gemäuer. Aber man machte das Beste daraus; man erdachte sich nämlich einfach eine moderne planquadratische Stadt, die einzige Konstruktion dieser Art im ganzen Land. Das war so etwas wie die Strafe für die andern, denen hier nie etwas durch Kriege und andere Katastrophen kaputtgeht und deshalb neu aufgebaut werden darf. Das erinnert mich an den Kommentar eines Yankees, dem man in Europa stolz ein uraltes Gemäuer zeigte: “It’s time to build a new one!”

Und in diesen modernen Rahmen der neuen Stadt passte dann auch eine sich schnell entwickelnde Industrie, die dafür nötigen Einwanderer und der aufsässige Geist (siehe Corbusier). Der harte Charakter der Bergler kam dazu und die langen Winter; nicht umsonst meint man: “In La Tchaux gibt’s im Jahr acht Monate Winter und vier

Monate Steuern". So ergab sich hier ein Mikroklima besonderer Art, durchweht von Freigeist, etwas Liberal-Kommunismus, Grübler- und Tüftlertum. Flanieren an der Seepromenade ist hier nicht drin, aber in einer der kleinen Quartierbeizen sein Bier zu trinken und dabei die Welt zu verändern, das geht gut hier, und man kann dort immer noch diesen erfrischenden Geist des Widerspruchs zur "billigen" Wohlstandswelt der Reichen spüren: im Café des Faucheurs, der Pinte Neuchâteloise, au Calignon, la Cheminée, Au Capucin Gourmand, Le Café ABC, Le Petit Paris und la Brasserie de l'Ancien Manège … ; die genauen Adressen können Sie dort selbst suchen und erfragen. Ob es sie noch alle gibt?

Suchen Sie dagegen keine gotischen Kathedralen und gedrechselten Barockfassaden; das Schöne hier ist ganz einfach und oft wie versteckt (fast bräuchte man jemand, der uns hinführte und das zeigte): die bemalten Treppenhäuser, die Gärten im Hinterhof, Balkone und Fassaden an einfachen Häusern.

Sie ist vielleicht die außergewöhnlichste Stadt der Schweiz; sicher ist sie die, die am weitesten vom gängigen Schema abweicht.

Dieses noch: Das ist ein wunderbares Wander- und Fahrradland, insbesondere in den Hochebenen. Am Fluss Doubs entlang, links und rechts der Grenze nach Frankreich, geht es aber steil auf und ab. Nur nach vielen heißen und trockenen Tagen enttäuscht das grün überwachsene Brackwasser, und auch die "Echelles de la mort" (Todesleitern) auf der französischen Seite wirken wirklich makaber.

Zum Schluss: Die Hauptstraße von "La Tchaux" ist benannt nach dem früher wohl etwas bekannteren Maler Léopold Robert. Dass dieser sich aber noch in jungen Jahren aus Liebeskummer wegen einer französischen Prinzessin Charlotte Bonaparte erschossen haben soll, das passt eigentlich gar nicht zu einem Sohn dieser republikanisch-arbeitssamen Stadt. Vielleicht sagt deshalb auch keiner in “La Tchaux” so zu ihr, sondern viel populärer “le Pod”.

Sonst hat die Stadt aber ein sehr lebendiges Kunst- und Theaterleben; besonders dank dem “Théâtre Populaire Romand” und, ein Glück, wird das hübsche kleine Theater wieder renoviert.

Das sage ich nur widerwillig (denn diese Stadt ist mir so sympathisch wie kaum eine andere), dass vor einem Dutzend Jahren, als es der Uhrenindustrie und ihren Zulieferern ziemlich dreckig ging, durch die etwas tristen Straßen zu gehen und die vielen leerstehenden Fabriken zu betrachten doch sehr traurig war. Das ist inzwischen viel besser geworden. Spuren sieht man aber immer noch.

Jetzt sollte auch der Eishockeyclub wieder in die Erste Liga aufsteigen.

17

Das ewige Wallis darf man nicht vergessen mit den Walsern, seinen Weinen

und einer kleinen uralten Orgel. Am Eingang in den Berg gibt es Arvine und Abricotine und früher auch etwas Falschgeld.

Valais/Wallis: Es ist ein zweisprachiger Kanton, aber das scheint hier kaum zu stören. Die "deutschen" Minderheits-Oberwalliser (weder "deutsch" noch "Minderheit" würde denen aber gefallen) von Brig, dem Goms und Zermatt haben nämlich den ähnlichen etwas hitzigen Charakter wie die welschen Kollegen von "drunten" in Sion oder Martigny.

Ein Offizier der Gebirgstruppen vertraute mir an, dass es bei Manövern eher nötig sei, die Berner und Oberwalliser Verbände getrennt zu halten, denn die hätten die Tendenz, die Sache zu ernst zu nehmen, Krieg gegeneinander zu spielen und in der Hitze des Gefechts gäbe es da manchmal schon ein paar blaue Flecken und angeschlagene Köpfe.

Hinter Sierre/Siders ist diese Sprachgrenze, aber geben Sie sich als Deutscher nicht der Hoffnung hin, in Brig, Leukerbad oder Zermatt auch nur ein Wort der dort heimischen Laute zu verstehen. Und um Himmels willen, tun Sie mir den Gefallen und versuchen Sie ja nicht schweizerdeutsch radebrechen zu wollen, denn es würde wirklich zu lächerlich klingen. Selbst professionelle deutsche Spaßmacher kriegen nicht annähernd den richtigen Zungen-

schlag hin. Als der bekannte Schweizer Komiker "Emil" in Deutschland auftrat, sprach er keineswegs Dialekt (was viele dort meinten), sondern aus Gründen der Verständlichkeit nur ein eher schwach schweizerisch eingefärbtes Hochdeutsch!

Sie haben ja vielleicht gehört, dass es in der Geschichte der verschlüsselten Nachrichtenübermittlung zwei von den Lauschern unknackbare Geheimsprachen gab: Eben das Schweizerdeutsch für die Russen im Zweiten und die der Navajo-Indianer für die Japaner im Pazifikkrieg.

Wallis ist der Kanton der hohen Berge, der Viertausender und der in den hohen Tälern lange abgeschlossen gebliebenen Dörfer. Es ist das Land von viel Wein und wenig Wasser, das man, wie schon beschrieben, von den Gletschern in manchmal haarsträubend an den Felswänden hängenden Rinnen ins fruchtbare, aber nach Feuchte lechzende Tal runterleitete. Es ist ein heißes Land hier, selbst der Weinberg muss beregnet werden. Im Hauptort Sion (Sitten) fällt ein gutes Drittel weniger Niederschlag als in Lausanne. Deshalb ist es (nach zusätzlicher Bestätigung des Wetterberichts) keineswegs eine dumme Idee, bei Regenwetter vom See ins meist sonnigere Wallis auszuweichen. Hier in Salquenen/deutsch Salgesch gleich hinter Sierre/Siders soll der sonnenreichste Ort der Schweiz sein, nicht etwa im Tessin auf der Alpensüdseite. Und das spürt man in den feurigen Arvine- und schweren Pinot Noir-Weinen.

Wallis!

Da hängt das Wort und der Stamm "Walser" drin. Das war ein Berglervolk. Leute, die das "Know-how" hatten, in

der rauhen Höhe zu leben und zu überleben. Man findet sie beinah überall in den hohen Alpen (bis ins deutsche Klein"walser"tal). Oft, wie auch auf der italienischen Seite des Monte-Rosa-Gebiets, ließ man sie in der Ausübung ihres Glaubens in Ruhe; als Gegenleistung wurden sie die Pfleger und Beschützer des Hochlands und hielten die Pässe offen. So war ich überrascht, sogar in Gressoney des Aostatals die Namen der Straßen und Plätze neben dem Italienischen in Deutsch angeschrieben zu finden. Die Walser-Höhenwege sind inzwischen wieder gut beschrieben und ihre Kultur versucht man zu erhalten, wobei natürlich die Gefahr besteht, dass das einen mehr musealen als wirklichkeitsnahen Charakter erhält. Doch den Walserwegen nachzugehen, das wäre sicher eine gute Idee für Ihre sehr interessanten nächsten Wanderferien.

Sicher fühlen sich die meisten Walliser nicht mehr dieser Gemeinschaft angehörig, aber es ist ihnen ein guter Schuss von Hartnäckigkeit und etwas Grobheit geblieben, zu der sich eine oft fast südländisch aufbrausende und alles mitreißende Jovialität und Herzlichkeit gesellen kann. Vielleicht trägt auch der gute Rotwein einen Teil dazu bei. Auch altes Brauchtum hält sich hier gut fest.

Eine Kleinigkeit zum Beispiel, die dort sofort auffällt: Versuchen Sie ja nicht auf einem der kurvenreichen Bergsträßchen einem im Wallis zugelassenen und Ihnen nachfolgenden Auto wegzufahren! Man wird Sie garantiert nicht nur ein-, sondern auch überholen. Hoffentlich sind mir die Walliser nicht gram, wenn ich bemerke, dass sie etwas von der Eigensinnigkeit der "deutschen" Bayern und sogar der "spanischen" Basken haben. Chessex nannte es: "gärend und ungezügelt."

Ein paar Probleme gab es, wie wohl überall, auch dort. Das Schweizer "Bilanz Wirtschaftsmagazin" nannte es: "Übereifrige Anwälte, faule Kredite, übervolle Weintanks und leere Kassen prägten über Jahre das Wallis." Um aber dann hoffnungsfroh weiterzufahren, und ich nehme an, dass die es ja wissen müssen: "Nun ist aufgeräumt, das Tal und seine Menschen sind bereit für neue Taten."

Nun ja, man hält schon zusammen dort, und Leute, die da etwas reinreden von "draußen", sind nicht gerade beliebt. Die Berner und Zürcher tun gut daran, sich zuerst um den Dreck vorm eigenen Haus zu kümmern, und einer vom WWF, der sich zu eifrig gegen ein "umweltschädigendes" Projekt wendet, kann schon mal mit einem kleinen (wahrscheinlich aber nicht allzu ernstgemeinten) Drohbrief rechnen. Weniger dagegen ein Gemeindepräsident, der seinen Ort eigenmächtig in Millionen Schulden reinritt, indem er beispielsweise geheizte Gehwege einrichtete. Schließlich: "Il est des nôtres!". Das ist zumindest "einer von uns!" Die stimmgewaltigsten Institutionen im Kanton sind wohl: Die Christliche Volkspartei, der Präsident des Fußballclubs und der Erzbischof von Sion. Letzterem gehörte auch bis zur Französischen Revolution die ganze Gegend.

Als man vor Jahren im Rahmen der Flur- und Mengenbereinigung vom Helikopter aus ein paar Rebstöcke "vergaste", da holten manche den Karabiner aus dem Schrank und feuerten in die Luft, zumindest ungefähr in die Richtung des Übeltäters, auch die alte "Matze", die urige Keule kam aus dem Speicher, und ein paar verbrannten die Bibel vor der Kirche. Aber wer nun meinen könnte, hier wäre ein offenstehender Spielplatz für alles Extreme, der täuscht sich trotzdem. Obwohl der uralt sture und verstockt katholische Fundamentalist Bischof Lefèbre seine Bewegung in Ecône im Wallis angesiedelt hat.

Stolz sind sie, die Walliser, und können auch sehr gekränkt sein. So, als sie die olympischen Winterspiele auch im zweiten Anlauf nicht bekamen, weil der katalanische Krämer Samaranch diese dem Fiat-Agnelli nach Turin verhökert hat. Ich hoffe nur, dass sie es nicht nochmal versuchen werden und den IOC-Schutzgeld-Einsammlern wie die Waadtländer sogar ein Stück Weinberg unter großem Pomp abtreten.

Wenn wir vom Sport reden, dann denke ich hier lieber an die großen sommerlichen Bergläufe wie "Sierre-Zinal" und das schönste und schwerste Rennen rund um die Dents du Midi. Die VTT (Mountainbike)-fahrer, aber nur die besten, können sich auf den "Grand Raid Cristalp" wagen, von Verbier nach Grimentz "unter und über" anderem an Grande Dixence, Evolène, Pas de Lona und Moiry vorbei. Wenn man da noch Luft hat um sich umzuschaun, dann sieht man einen grossen Teil der Walliser Alpen an sich vorbeiziehen.

Sie sollten zumindest ein Stück davon erwandern!

Es ist ein schönes Land. Da sind wir mit den Radfahrern bis nach Grimentz gekommen und bewundern die übervollen Geranienkästen vor sonnengebräunten Brettern und Balken. Wir gehen in Sion auf einem steilen Fußweg, von der Altstadt aus hoch zur Burg Tourbillon und zur Kirche von Valère. Diese in ihrer grandiosen Einfachheit hat an der Stirnseite die kleine "Schwalbennest Orgel" aufgehängt; die "älteste noch Spielbare" der Welt, wie man sagt. Das ist sicher auch der richtige Moment, das Tibor-Varga-Festival zu erwähnen, wenn während langer Wochen im Sommer an den verschiedensten Orten des

Kantons klassische Musik zu hören ist. Und wenn die Konzerte am Abend stattfinden, dann bleibt tagsüber sicher auch genügend Zeit, das Dorf und die dazugehörende Gegend kennen zu lernen.

Überhaupt gibt es eine Flut von Festivals in Verbier, Morgins, Champéry etc., die alle ihren eigenen Reiz haben, und ich kann das Ihren Ansprüchen am besten genügende nicht nennen. Denn von Klassik mit Barbara Hendricks bis Jazz auf der Alm ist so ziemlich alles zu haben. Meine Favoriten sind die klassischen Konzerte im Elektrizitätswerk von Fully und das "Irish Festival" (das höchstgelegene der Welt!) in Veysonnaz, das leider etwas degenerierte, als immer mehr nur an Guinness und Kilkenny interessierte Horden aus der Ebene einfielen als Menschen, die sich für die keltische Musik interessieren.

Was gibt es hier noch Gutes außer dem Wein. Wenn Sie früh genug im Jahr zur Spargelzeit kommen, verlangen Sie einen etwas süßlichen Johannisberg dazu. Das Raclette aus dem Bagnekäse vom gleichnamigen Tal, das gegen den Mauvoisin Stausee führt. Der Walliser Cousin zum Waadtländer Fondue. Das "brisolée" mit den Esskastanien im Herbst. Das Wallis ist auch ein Obstland; die Aprikosen sind besonders bekannt, und ich sagte schon, wie sehr ich diese als Branntwein – den "abricotine" – schätze.

Wenn Sie mit dem Wagen vom See aus in Richtung vom Wallis fahren, dann nehmen Sie am besten die Autobahn, so vermeiden Sie die mühsame und nicht besonders bereichernde und zudem noch ampelbehinderte Durchfahrt durch Montreux. Bei St-Maurice, aber spätestens Martigny, sollten Sie sie aber verlassen und die gemütlichen Sträßchen entlang der Rhone nehmen. So sind Sie näher bei den Weinbergen und Fruchtgärten und wenn Sie auf dem Damm bleiben, dann sehen Sie sogar das graue Wasser vom Fluss.

Viele der vergleichsweise jungen und ohne viel Gemeinsinn verbauten Dörfer in der Ebene sind meist fad und grau mit Mietshäusern und Garagen besetzt, die auch überall sonst stehen könnten. Die früher frei mäandernde und das Flachland überschwemmende Rhone mit ihrem Sumpf und ihren Mücken trieb die Menschen in die schützenden Flanken der Berge, und dort finden Sie schönere Orte wie Saillon, Leytron und Chamoson und in all den malerischen Seitentälern.

Ich könnte Ihnen zum Beispiel vorschlagen, ein wenig in Saillon zu verweilen. Stellen Sie das Auto dort ab und folgen Sie mir auf den Spuren von Farinet, jenem Falschmünzer, den ich, wenn Sie sich erinnern, unter die erwähnenswerten Leute der Romandie eingereiht habe. Den kennen Sie nicht? Dann erlaube ich mir Sie darauf hinzuweisen, dass diese Gestalt nicht nur den Dichter Ramuz und den Maler Gustave Courbet, den Komponisten Arthur Honegger und den Schauspieler Jean Louis Barrault, sondern heutzutage sogar Abbé Pierre und den Dalai Lama bewegt hat.

Farinet, der welsche Robin Hood im Pfennigformat, denn er prägte nur kleine und nicht gerade sehr gut gelungene Münzen, die er aber großteils an die Armen verteilte. Die hatte man (wie auch anderswo) nicht nur von der Obrigkeit, sondern auch von den Prälaten vergessen, außer wohl im Salbader der Sonntagsmesse. So jemand wie der Farinet störte natürlich nicht nur das weltliche Gesetz, sondern geradewegs die gottgewollte Ordnung.

Deshalb machte man schließlich Jagd auf ihn, der sich in die Schlucht der Salentze über Saillon versteckte …

… aber bevor ich Ihnen die Geschichte fertig erzähle, begleiten Sie mich auf dem Weg durchs Dorf auf den Farinetweg, bestückt mit Glasmalereien, bis zum kleinen nur Quadratmeter "großen" Weinberg, dessen Hand voll Reben jedes Jahr von einer Persönlichkeit wie einer der oben Erwähnten abgelesen werden. Im Ort ist auch der Besuch des in einem alten Gemäuer schön eingepassten Falschmünzer-Museums (nur nachmittags geöffnet) zu empfehlen. Ein paar nette Wirtschaften ("Café de la Poste" und "Vieux Bourg") sind im Städtchen, und die Mutigeren können schon zum Einüben für den Marsch zur Hängebrücke weiter oben den Turm der alten Festung besteigen. Dann gehen Sie den (steilen) Weg hoch in Richtung "Passerelle à Farinet", bis Sie nach einer Stunde Anstieg zu jener neugebauten Laufbrücke kommen, die die Schlucht überspannt. Unter Ihnen sind fast 150 Meter und irgendwo dort hat man den Farinet schließlich zu Tod gehetzt. Er war erst 35.

Nun sind sich allezeit schneidige und dazu noch wohltätige Delinquenten größerer Sympathien sicher als die Gendarmen; insbesondere, wenn wenn man bedenkt, dass Farinet den Häschern noch zurief, bevor er abstürzte:

"Nein, ihr bekommt mich nie. Niemals. All das gehört mir und euch gar nichts. Ihr seid nur eine Bande von tauben Nummern!"

Ich schlage vor, Sie gehen auf der anderen Seite der Brücke weiter, und im ersten Dorf Montagnon können Sie im ausgezeichneten "Restaurant du Soleil" einkehren und danach durch den Weinberg zurückgehen. Im Sommer kann es sehr heiß werden im Berg, und Sie mögen erwägen, den Weg in der anderen Richtung zu nehmen. Wie dem auch sei, Sie könnten sich nachher im Thermalbad von Saillon weiter draußen in der Ebene erholen.

Das Kapitel ist fast etwas kurz ausgefallen. Aber nehmen Sie das als Beweis dafür, dass eben (fast) alles gut ist hier.

Nicht einmal bedacht habe ich, alle die möglichen, auch geführten Spaziergänge und Touren anzugeben. Die können Sie beim Walliser Verkehrsamt anfordern. Vom lässigen Gang durch den Weinberg bis zu hochalpinen Touren am Grand Combin oder Zinal Rothorn. Oder aber wandern Sie auf dem alten Fußweg auf den großen St-Bernhard-Pass und übernachten Sie bei den Mönchen im Hospiz. Es gibt hundert andere Möglichkeiten. Schließlich ist das hier ja der welsche Hochalpenkanton. Nur weil ich besonderen Wert auf Ihre Anwesenheit hier am Genfer See lege, beschränke ich mich jetzt aber mit dem Lobpreisen, sonst würden Sie gleich für immer im Wallis bleiben wollen.

So kann ich eigentlich nicht besser schließen als damit: Meiner Tochter, die lange im Wallis arbeitete, dann aber wieder fortzog, kommen immer noch vor Heimweh die Tränen, wenn sie an die Zeit und die Leute dort zurückdenkt.

18

In die Juraberge reisen und versuchen, Kontrapunkte zu verstehen.

Wir fahren im Sommer selten in den Jura. Im Winter ist es etwas anderes. Da geht es hin zum Ski-Langlaufen, auf die Piste und am Ende verschwitzt wieder zurück. Was sollte man auch länger dort?

Ist es heiß, bleibt man am See. Da kann man sich zumindest einbilden, es eine Brise kühler zu haben. Und wenn es wirklich etwas weiter weg gehen soll, dann doch eher in die Berge, die richtigen und hohen, im Wallis.

Den weiten tannenreichen Jura wird man zwar immer preisen und auch heuchlerisch bedauern, dass man nicht öfter dorthin findet. So brauchen Sie es mir auch nicht zu glauben, wenn ich Ihnen sage, dass es die Landschaft ist, die mir in der ganzen Romandie am nächsten “am Herzen liegt”.

Also beschlossen ein Freund und ich eines Tages denn doch wieder mal hinzugehen und wichen sogar der Frage aus, was wir denn dort zu machen gedächten.

Ob wir übers Land fahren sollten, schlug der Begleiter vor, und ich war sofort einverstanden.

Also von Vevey das schmale Sträßchen hoch nach Chexbres. Weg vom See. Da ist immer etwas Unlogisches dabei; der See zieht schließlich an, stößt nicht ab. Man hängt wie an einem Gummiband dran, das erst reißt, wenn man die Wasserscheide überschritten hat auf dem Weg in den Jorat. Weiter in die Richtung vom Rhein und vorbei an der Theaterscheune in Mézières und gleich danach an Gustave Rouds Bauernhaus in Carrouge mit dem Backofen auf der anderen Seite der Straße.

Moudon liegt im Loch und es gibt üble Sprüche darüber, die wir heute links liegen lassen. Aber auch die interessante "Berner" Oberstadt. Wir kommen dann in die lange Steigung nach Thierrens, auf der wir mit dem Fahrrad gelitten haben. Wir waren froh um den Schatten, den der nach dem "Lothar"-Sturm noch übriggebliebene Wald spendete. Oben angekommen, liegen die Felder auf der Ebene voller Pracht in der Sonne. Wir halten an zum Schauen. Fragen einen Bauern, der mäht. Er ist zu unserer Überraschung nicht zufrieden. Es habe zu viel geregnet in den Wochen davor und einiges Korn sei ausgewachsen. Die Mühle in Cossonay hätte ihm über die Hälfte nur als Futterweizen bezahlt.

Beim Weiterfahren sind wir eine Minute sprachlos. Also haben uns das Licht und die Augen mit der eingefangenen Schönheit angeschmiert. Als wir an die Abzweigung von Correvon kommen, bitte ich dort hinzufahren. Wir trinken einen Café, ziemlich gleichgültig serviert im Bistro dort. In der Stube hängen noch die Reste von gestrigen Stumpen und Gesprächen. Rouds eigenartiger und immer noch etwas rätselhafter Satz fällt mir ein, der mir jetzt kaum verständlicher wird: "Es roch nach Tabak und Schnee!"

Wir lassen nur ein schäbiges Trinkgeld da und das ist nicht im Einklang mit meiner Stimmung, als ich im Hinausgehen mir halblaut vorsage: "Hier war wahrscheinlich der Mittelpunkt von Rouds Welt gewesen." Ich werde zu Hause als Beweis alle Orte auf der Landkarte eintragen, die er abgegangen ist.

Yverdon erscheint mir nicht besonders interessant, aber sie haben es fertiggebracht, ein neues Schwimmbad fürs gewärmte Wasser zu bauen, das sie aus 400 Metern Tiefe hochpumpen.

Dagegen mag ich den nächsten Ort, Champagne, aus zwei Gründen: Zuerst, weil wir von hier aus den Aufstieg in die Juraberge beginnen, auch wenn unten der Neuenburger See uns kaum ernst genommene Avancen macht dazubleiben. Dann aber besonders, weil es der kleine Weinort ist, der nun einmal schon seit 1000 Jahren so heißt, nämlich "Champagne", und sich mit den eingebildeten Franzosen rumärgern muss, weil die für den sicher weitaus jüngeren Champagne-Schaumwein denselben Namen sich haben schützen lassen. Übrigens wird der meist aus einem fast untrinkbaren Sauerampfertraubenmost später durch Zusatz von Zucker und zugegebenermaßen dank raffinierter Weiterverarbeitung in das hochgelobt feudale und vollends mythenbelastete Luxus- und Lotterlebenprodukt veredelt. Das ist sicherlich der gelungenste Marketingtrick der Getränkeindustrie.

Ein Bravo trotzdem nachträglich der bankrott verschiedenen Swissair, die ein Flugzeug, ich hoffe mit voller Absicht, "Champagne" taufte und in diesem den richtigen echten Champagnewein ausschenken wollte.

Dann kommen wir über den Hügel ins "Val de Travers" (das Quertal) und den traurigsten Ort dort, Couvet, mit der großen Fabrik, die leer steht. Da hatte man die besten teuersten Strick- und Stickmaschinen der Welt hergestellt, in der besten Uhrmachertradition auf die schönste feinmechanische Art, bis dann andere kamen mit ihren elektronischen Dingern, die aber leider viel schneller und insbesondere billiger arbeiteten. Wie eben

auch die 10-Dollar-Hongkong-Quarzuhr genauer läuft als ein mechanisches Kunstwerk von Patek Philippe oder Vacheron Constantin. Nur gibt es eben noch genug Leute, die für Letztere viel Geld ausgeben und dann dezent am Handgelenk vorzeigen. Aber wer gibt Tausende mehr aus für eine schöne mechanische Maschine, wenn wir nur einen billigen Pullover anziehen wollen, der seine Herkunft sowieso verschweigt.

Und so ging eben die "Dubied"-Strickmaschinen-Fabrik bankrott und tausend Arbeiter lagen auf der Straße, weil sie den Fortschritt nicht mitgemacht hatten. Und auch das seriöse Handwerk nützte da nichts mehr. Wie damals den braven, gemetzelten helvetischen Hundertschaften in Paris und Marignano, die auch nicht schnell genug auf ein neues Konzept umgestellt hatten. "Honneur und Fidélité" hätte die unnütze Devise auch der Dubieds sein können und nicht nur der massakrierten Schweizer Garden.

Ich wollte nach Môtiers, weil mir ein Bekannter gesagt hatte, das sei einer der schönsten Orte der Schweiz. Als ich ihn dann fragte, was ich denn dort besichtigen solle, antwortete er etwas enigmatisch: "Gar nichts und alles!"

Ich sage dasselbe, möchte Ihnen aber doch wenigstens das eine oder andere erwähnen, wie die alte Pfarrei, in der sinnigerweise nicht weit von Champagne ein "Schweizer Schaumwein" gelagert wird. Rousseau war auch hier, als er mit Schulden vor den Genfern ausgebüchst war. Die Leute hier mochten ihn aber nicht besonders und warfen Steine gegen sein Haus. Wir wollen ihm zumindest zugute halten, dass er die Zivilcourage hatte, dem damals zuständigen Potsdamer König einen ziemlich arroganten Brief zu schreiben.

Sonst kann ich Ihnen nur raten spazieren zu gehen auf den zwei ruhigen Dorfstraßen und an einem der Brunnen Halt zu machen. Da kam mir der Anfang von irgendeinem Gedicht eines “Alten Brunnens” halbwegs ins Gedächtnis und überall wäre das wohl etwas kitschiger gewesen als gerade hier.

Nur ein bisschen enttäuscht war ich, weil ich das nicht fand, was der Freund schließlich doch als Wichtiges angepriesen hatte: Die “Grüne Fee” nämlich. Ich fragte nach ihr in einem Geschäft und in einem Café; aber man beargwöhnte mich und man wollte sie mir nicht zeigen. Sprach von einer entfernten Verwandten, die man “Rincette” nannte. Aber die war verwaschen und blass und die wollte ich nun meinerseits nicht.

Fleurier

Ich hatte schon lange wieder einmal hierher kommen wollen. Natürlich war es auch wegen Gottfried Benns Mutter. Obwohl, ich hatte inzwischen erfahren, dass man ihr Geburtshaus nicht mehr sehen könne und sie sei auch schon mit vier Jahren weggezogen; woandershin, bevor sie die weite Reise auf “Fleurier-nimmer-Wiedersehn” nach Ostpreußen antrat. Aber ich denke trotzdem die ganze Zeit an sie und weiß doch, wie sinnlos es ist, wenn ich der längst verstorbenen Frau versuche ihre Heimat in Gedanken zu beschreiben. Für Caroline Jequier, weit weg vermählte Frau Benn und ihre sechs Söhne, mit Gottfried, dem Ältesten.

Ich hatte nicht erwartet, eine schöne Stadt zu finden. Aber sie ist es. Wenn auch nicht so, wie man es sich normalerweise vorstellt. Nicht viel Geranienkästen, Holzfassaden und Herrgottswinkel. Die Häuser sind groß und kantig; viel Platz dazwischen, auch für den Schnee im Winter. Feriengäste haben wohl selten drin gewohnt; eher hat man andere aufgenommen, auch Bourbakis geschlagene Armee.

Zwei große Uhrenmanufakturen gibt es hier; mit der eigenartigen Obsession sowohl fürs technisch Perfekte als auch fürs preziös Extravagante: Chopard und Parmigiani. Beide setzen stolz dazu: "Manufaktur in Fleurier" für die erste, und die andere schreibt "Fleurier" gleich unter den Namen auf das Zifferblatt. Es sieht fast so aus, als wollten sie damit ansagen, dass solche Wunderwerke eben nur hier und im Jura gemacht werden können. Im Jahr 2000 fand in Greenwich eine große Ausstellung mit dem Thema "Zeit" statt (wir sollten fairerweise nicht vergessen, dass die Engländer die ersten Meister der Chronometer waren und so ermöglichten, auf ihren Schiffen die Längengrade zu bestimmen). Parmigiani war die einzige Schweizer Manufaktur, die ein technisch und ästhetisch besonders wertvolles Stück ausstellen durfte: die Taschenuhr "Leda".

So hat das Städtchen nach überallhin, Osten und Westen, ausgestrahlt.

Nach Couvet zurück, wo wir nicht gleich die annoncierte Asphaltmine finden. Dagegen werden wir auf der Straße aufgehalten, die frisch asphaltiert wird! Dann kommen wir schließlich doch hin, haben das erste Mal die Abfahrt übersehen, weil sich ein Lastwagen kurz davor parkte und die Sicht verstellte.

Minen scheinen etwas Unpassendes zu sein im Land der Kühe und Seen. Bergwerk, das gehört zu Ruhr, Polen und Südafrika. Darum hat man das Graben hier auch eingestellt. Man kann sie leer aber noch besichtigen.

Zuerst lerne ich aber noch, was Asphalt eigentlich ist; ein Erdölderivat, aus der gleichen Familie. Ähnlich dem Bitumen; im Gegensatz dazu der Teer. Der stammt aus der Kohle. Asphalt bleibt elastisch und dicht (wieder im Gegensatz zu Teer) bei unterschiedlichsten Temperaturen, schmilzt und bricht nicht. Dichtet und stößt Wasser ab. Deshalb die Anwendung von altersher (schon die Phönizier) zwischen den Planken der Holzschiffe, später auf den Dächern und als Straßenbelag. Tausende von Tonnen waren abgebaut und wurden in gegossenen "Broten" über die ganze Welt verschickt. Jetzt weiß ich auch endlich, warum es mich kribbelte an den Fußsohlen, als ich vor Jahren über den Boden der New Yorker Central-Station lief. Der Asphalt kam nämlich von hier!

Dann ein unerwartetes Naturwunder: "Le Creu du Van". Ein ungeheurer hufeisenförmiger Felsabbruch in der Hochebene. Und es fällt mir gleich auf, warum er beinah unwirklich wirkt. Weil er eigentlich gar nicht so recht hierher passt. Es ist eher, als hätte ein mutwilliger Dämon oder eine Riesenechse die Erde aus Übermut und Mutwillen runtergetreten. Auch das erscheint mir ungewöhnlich: unten, hunderte Meter drunter, ist Wald, während oben die Wiese geblieben ist. Ich hätte eher das Gegenteil erwartet; oder ist der Wald nach unten abgebrochen und eine Wiese hochgedrückt worden!? Wir getrauen uns kaum an den Rand; ich bekomme nur vom Runtersehen aus sicherer Entfernung feuchte Finger.

Am Rand sind Felder mit Blumen von ungeheuer tiefen Farben. Wir sind in ein Zauberland geraten.

Wir gehen nachdenklich zurück zum Bauernhaus, wo wir etwas zu Essen bestellen und auch ein Glas (wir müs-

sen ein bisschen drängen) der "Grünen Fee". Ich verstehe endlich. Die gibt sich eben nicht so einfach her; es sei denn, man hätte ihren Schauer in dunklen Asphalthöhlen gespürt und den Blick in einen von ihr gemachten Abgrund geworfen.

Danach gehen wir noch ein Stück in die Areuseschlucht. Aber wir haben schon vorher zu viel gesehen und der Absinth sitzt noch zu fest in unseren Köpfen, als dass wir davon so sehr beeindruckt sein könnten, wie der oft wilde Lauf vom Wasser durch die Enge es sicher verdiente. Die "Grüne Fee", unsere Liebe Frau der Hoffnung und des Vergessens, begleitet uns noch ein Stück nach Hause.

19

Etwas Kultur kann zur Abwechslung wohl nicht schaden und

hier wimmelt es nur so von Museen, Musik und Festivals. Mit Bach, Rock, Béjart, Jazz, Corboz und so weiter. Gehen wir zuerst einmal ins Museum. Natürlich muss ich, wenn ich von der Kombination "Schweiz und Museum" höre, auch gleich an die Bemerkung des kritischen (nach Paris exilierten) Schweizer Autors Paul Nizon denken, der in seinem Buch "Diskurs in der Enge" dieses Land als eines definiert, das die Kunst nur in der Dimension des Museums verstehen kann und das vor jeglicher Kreativität wie Veränderung außerhalb davon panische Angst verspürt.

Also, wenn das stimmte: "Willkommen im Museum Schweiz"; und ein amerikanischer Kollege sprach's einmal noch härter aus: "Welcome to Heidiland!"

Ich besuche sie dauernd, obwohl Museen mich eigentlich stören und das aus verschiedenen Gründen.

Erstens: Eigentlich wurden die "Kunstwerke" ja nicht für Museen gemacht, sondern das Bild war bestellt, um es hinter einem Sarg als Dekoration aufzustellen oder in eine private Ahnengalerie einzureihen. Es waren Gebrauchsgegenstände und die Museen haben sie jetzt völlig aus ihrer ursprünglichen Funktion herausgerissen. Inzwischen wissen wir ja nicht mal, wer der Mann mit dem Goldhelm und selbst der Herzog von Olivares waren (meint André Malraux zurecht).

Zweitens: Es stört mich, dass in den Museen meist mehr oder weniger offiziell Konfisziertes ausgehängt ist. Die Nofretete gehört nach Alexandria, Theben oder Kairo und nicht nach Berlin. Vom für den Louvre oder das British Museum Zusammengeklauten gar nicht zu reden. Die Schweiz scheint übrigens heute eine Drehscheibe des internationalen Kunstschmuggels zu sein.

Schließlich drittens: Es empört mich überaus, Leute anzuschauen, die im dezent getönten und beleuchteten Museums-"Rahmen" Vincent's Bilder anhimmeln, weil ich gleichzeitig vor Augen habe, wie dreckig es ihm ging, als er sie malte. Dass dessen Gemälde jetzt von den Kunstverschacherern Christie's und Sotheby für achtstellige Zahlen an smarte Japaner oder Yankees verscherbelt werden, ist wohl nicht zu vermeiden, bleibt mir aber dennoch ein Ärgernis.

Deshalb halte ich auch den vom Guinness-Buch der Rekorde leider nicht honorierten Durchgangsrekord des Louvre in weit unter einer Stunde.

Doch was soll man dagegen tun? Ich habe ja im kleinen Arbeitszimmer auch längst mein ganz privates Museum aufgemacht; mit meinen vier Lieblingsbildern (als billige Drucke natürlich):

Piero della Francescas "Madonna del Parto", der schönsten und begehrenswertesten Frau der Welt trotz ihrer Schwangerschaft (oder gerade deshalb). Dann Henri Manguin's "Schlafende Frau im Liegestuhl" als Ausdruck wunderbarer Ruhe und Ausgeglichenheit, wenn man sie schon selber nicht immer hat. René Magrittes "Empire of Light" als Beweis des Unsinns jeder Logik und Rechthaberei und schließlich Edward Hoppers "Nighthawks" als das Ab-Bild der uns alle manchmal würgenden Einsamkeit.

Und ich gehe trotzdem laufend in andere Museen. Ich versuche es jetzt mit einer Aufzählung von meiner Ansicht nach bemerkenswerten Schweizer Ausstellungen, wobei ich wieder einmal einflechten muss, dass meine Vorlieben persönlich gefärbt sind und Ihrem Geschmack nicht zu entsprechen brauchen.

Zuerst dies: Die Schweiz ist sicher ein Museumsland; kaum verwunderlich bei dem seit Jahrzehnten nie verdorbenen Geld, dem Sinn der Schweizer für langfristig solide Anlagen und der Tatsache, dass durch Bomben und Verschleppungen jahrzehntelang nichts verloren ging. Eher hierher kam. Ein harter Schlag war trotzdem die Abwanderung der Thyssen-Bornemyszaner Luganer Sammlung nach Madrid und kürzlich ganz hier in der Nähe auch der Impressionisten der "Fondation Corboud" von Montreux zur Sammlung Wallraff nach Köln. Niemand im Tessin und der Welschschweiz konnte offenbar die geforderten lichtvollen Räume zur Verfügung stellen. Sponsoren, oder sollte man besser sagen Mäzene, gab's nur anderswo.

Dagegen etwas höchst Positives: Bisher habe ich bei hiesigen Ausstellungen immer ohne langes Warten eintreten können. Verschont von der Unsitte eines im Voraus zu erstehenden Rechts am Mittwoch Punkt 15 Uhr 45 zusammen in einem Trupp von 50 anderen Glücklichen untertänigst akzeptiert und durchgeschleust zu werden. Selbst wenn ich nur durchrase, möchte ich persönlich die Geschwindigkeit bestimmen!

Anderswo heißt es Schlangestehen, grob geschätzt im Sommer eine Stunde vor den Uffizien, 45 Minuten am Grand Palais, zusammen mit sich stoisch in ihr Schicksal fügenden Touristen, was mich noch mehr aufregt. Inzwischen ist meine Devise: Ich habe beschlossen, dass es keine Ausstellung mehr gibt, die auch annähernd gut genug wäre, als dass ich auf den Einlass mehr als zehn Minuten warten müsste.

Ich erwähnte schon, dass man in Basel anhalten sollte, um sich Tinguely in Mario Bottas "Braunem Haus" anzuschauen. Dort sind, meine ich, die großartigsten Plastiken der Neuzeit aufgestellt:

"Lola T.180 – Memorial pour Joakim B.", ein Flügelaltar, auseinandergeschweißt, aneinandergeschmiedet aus dem Rennwagen, in dem der befreundete Rennfahrer Joakim Bonnier zum Tode fuhr.

Und der "Mengele Hochaltar", der sich aus vierzehn verrußt-verkohlt-verglühten Maschinen zusammensetzt, die Tinguely aus einem einäschernden Bauernhof noch heiß und nachbrennend herausholte. Eine furchtbare, das Herz abklemmende Allegorie von Bösem, Folter, Qual und Tod.

Machen Sie auch einen Sprung zu Renzo Pianos einfach und richtig gebautem Galerie-Haus der Beyeler Stiftung in Riehen an der Lörracher Grenze. Und wenn wir von Renzo Piano sprechen, sollten wir nicht versäumen, das von ihm vorerst geplante und vom großzügigen Hüftoperateur und Metallgelenkhersteller Maurice Müller finanzierte Klee-Museum in Bern zu erwähnen. Drei in die Landschaft eingebettete Wogen sollen es werden.

Für die aus Richtung München Anreisenden seien Peter Zumthors hochgelobtes Bregenzer Kunsthaus erwähnt (ich weiß, das ist Österreich) und nochmals die unterschätzten fantastischen Museen Winterthurs (Römerholz, Villa Flora, Kunsthaus etc.).

An der Grenze zum Welschland liegt in Bienne/Biel das interessante Centre Pasquart mit seiner Sammlung zeitgenössischer Kunst. Also sind wir endlich in der Romandie angekommen. Bevor wir uns ausschließlich den Ausstellungen dort widmen, möchte ich noch einmal eine Organisation empfehlen, die höchst erfreulich das Reisen als Gesamtkunstwerk bzw. Kunst als Lebensgenuss anbietet. Es handelt sich um die Vereinigung Kunsttourismus KTS, die Kunst, Kulinarik und Kultur verbindet.

Meine Favoriten an Museen in der Romandie – aus wohl ganz unterschiedlichen Gründen – sind diese:

1. Das Musée de l'Art Brut in Lausanne

Die "Kunst" derer, denen man es eigentlich nicht zutraut, ja zugesteht und genehmigt; die nicht die Abschlussprüfung in der Akademie bestanden bzw. sie noch nicht mal besucht haben. Von jenen, die Reliefmuster mit einem abgebrochenen Löffel ins Holz ritzten, Steine endlos aufgeschichtet haben und Latten, Klötze blind zu ungeheuren Spielzeugen zusammengesetzt. Von manchen sagt man, sie wären nicht richtig im Kopf gewesen; aber wer mag das schon entscheiden. Denen es todernst war, ums Überleben ging, aber keine vermarktbaren Happenings veranstalteten und dezente Vernissagen mit Champagne Royal Brut …

So schrieb einer, dem man auch weismachte, er sei verrückt, diesen Vers:

So zieht der Tag hinaus durch Berg und Tale,
Mit seiner Unaufhaltsamkeit und seinem Strahle,
Und Wolken ziehn in Ruh', in hohen Räumen,
Es scheint das Jahr mit Herrlichkeit zu säumen.

2. Die Frösche von Estavayer-le-Lac

Hier warne ich Sie! Vielleicht muss man selbst einen etwas verdrehten Kopf haben, um diese im kleinen Provinzmuseum mit ausgestopften Fröschen nachgestellten Szenen wie die der Schulklasse, die Wahlversammlung etc. so außerordentlich lehrreich und beeindruckend zu finden. Je länger ich sie aber ansah, desto menschlicher erschienen sie mir, und als ich wieder auf der Straße stand, war ich höchst erstaunt, dass da Menschen herumliefen und keine Frösche. Lewis Carrol und Alice, da bin ich mir fast sicher, hätten hier auch ihre Freude gehabt.

3. Das Naturhistorische Museum in Neuchâtel

Dort sind die drei schönsten Automaten – was sage ich – idealsten "Menschen" der Welt ausgestellt. Die Klavierspielerin, der Briefschreiber und der Zeichner sind so vollkommen, dass es kaum andere Wesen sein können.

Man sollte vielleicht Kleist's "Über das Marionettentheater" gelesen haben. Sie spielen, schreiben und zeichnen an jedem ersten Sonntag im Monat, am Nachmittag.

Ich kann hier unmöglich alle interessanten Westschweizer Museen aufzählen. Sie werden sich deshalb am besten in der Wochenendausgabe der Zeitung "Le Temps", der Programmzeitschrift "RegArt", oder auch im offiziellen Museumsführer, wie an der Hotelrezeption und an öffentlichen Anschlägen orientieren müssen.

Ich zähle auf gut Glück auf:

- Das Wein- und Weinetiketten-Museum im Schloss Aigle.
- Das private Uhrenmuseum in Puidoux-Chexbres, insbesondere mit den "geheimgehaltenen" (und sehr teuren) Erotikuhren.
- Die offiziellen Uhrenmuseen in La-Chaux-de-Fonds, Le Locle und Genf.
- Die alle drei Jahre in einem wunderbaren Park in Bex stattfindende Freilichtausstellung "Bex&Art" zeitgenössischer Skulpturenkünstler.
- Das Dampf-Eisenbahnmuseum in Chamby über Vevey.
- Das Genfer-See-Museum in Nyon (wenn Sie mehr über den See wissen wollen).
- In Genf die schönen Seebilder im Musée d'Art et d'Histoire.
- Das Photomuseum "Elisée" in Lausanne.
- Das Orgelmuseum in Roche.
- Das Scherenschnittmuseum in Château d'Oex.
- Schließlich das interessante Nestlé Museum der Ernährung "Alimentarium" in Vevey.

Und für Volkstümliches das “Musée Gruérien” in Bulle sowie das kleine lokale “Ballenberg”: “Le Musée de la Ferme des Troncs” in der Nähe von Mézière. (Ballenberg: das großartige Schweizer Freilichtmuseum am Brienzer See ist selbst eine weite Reise wert.)

Regelmäßige thematische Wanderausstellungen von höchster Qualität finden statt in der Stiftung Gianadda in Martigny, Musée Rath in Genf, Jenisch in Vevey und Hermitage in Lausanne.

Schließlich möchte ich noch zwei Projekte erwähnen: Da wäre das schönste Bauernhaus der Romandie in Rossinière, in dem Balthus wohnte und das sein Werk bewahren könnte. So sogar Kunst wieder etwas in seinen originalen Zusammenhang brächte.

Natürlich sollten es die Leute von Vevey nicht auf sich sitzen lassen, zum Andenken an den großen “Charlot” (Charlie Chaplin) nur dieses lächerliche Konterfei am Uferweg aufgestellt zu haben, das sich zur Not als Accessoire für mittelmäßige Familienphotos eignet. So überlegt man, sein Anwesen (Manoir du Ban) der Öffentlichkeit zugänglich zu machen. Und wie schon früher erwähnt, könnte man in den aufgegebenen Fabriksälen der “Ateliers Méchaniques” von Vevey zumindest die “Temps Modernes” als einen technischen Vergnügungspark einbauen!?

Auch gibt es oft interessante Ausstellungen in Dörfern des Hinterlands; aber es bedarf da manchmal eines kunstsinnigen Spürsinns diese zu finden zum Beispiel in Ropraz, Ballens oder Gingins.

Jetzt kämen wir zu Musik und Ballet, und da mir das Museumskapitel vielleicht etwas zu lang geraten ist, werde ich hier versuchen, mich kürzer zu fassen. Darum sage ich es gleich ganz präzise: Es gibt drei weltweit führende musikalische Institutionen hier im Welschland:

In Genf das Symphonie-"Orchestre de la Suisse Romande" in der imposanten Victoriahall; auch architektonisch dem Wiener-Musikverein-Saal ebenbürtig.

In Lausanne das "Orchestre de Chambre de Lausanne" (Kammerorchester, zur Zeit unter der Leitung des Deutschen Christian Zacharias) im "Métropole", das übrigens auch die Heimstatt des großartigen "Béjart"-Ballets ist.

Last aber bei Gott not least, das "Ensemble Vocal et Instrumental de Lausanne", geleitet von einem der weltweit besten Chorleiter, Michel Corboz.

Dann gibt es hier noch etwas ganz Spezifisches, meist amateurhaft und oft auf dem Land, im schweren Dialekt gespielt, und auch Gesungenes. Das sind die dörflichen Cabarets und Revuen zum Beispiel in Denezy, Mézières und Jongny. Wenn Sie aber einen hiesigen Bekannten haben, der gleichzeitig auch als Übersetzer und Erklärer herhalten kann, dann haben Sie ein stimmungsvolles Erlebnis voll von Lokalkolorit vor sich.

Im Sommer und Herbst ist die ganze Romandie eine einzige Festival-Landschaft: Montreux, Verbier, Sion, Pully für die Klassische Musik und noch viel mehr. Auch hier sollten Sie sich einen Festivalkalender besorgen und im Voraus auswählen. Ich mag Konzerte in eigentlich dafür ursprünglich nicht vorgesehenen Stätten, wie zum Beispiel Fabrikhallen. Deshalb empfehle ich ein Konzert in den "Forces Motrices" in Genf oder eines im Rahmen des Festivals "Tibor-Varga" von Sion im Eletrizitätswerk von Fully.

Jazz! Da ist das große Festival in Montreux. Das ist eine Nicht-nur-Jazz-Wundertüte; und manchmal ist sie auch nicht ganz gefüllt. Doch wenn Sie Glück haben, finden eben kleine Wunder statt. Ich erinnere mich an ein Konzert, das eigentlich schon beendet war, spätnachts, und alles strebte schon zum Ausgang, als ein Negermädchen mit seiner Gitarre und der rauhen Stimme plötzlich alle wieder zurückholte: Es war die damals noch ganz unbekannte Tracy Chapman.

Oder Sie können eine Appenzeller Ländlerkapelle mit einer Bebop Formation musizieren hören oder ein bulgarischer Frauenchor singt mit einem New Yorker Streichquartett.

Den "Klassischeren Jazz" gibt es in Cully, Chernex und Morgins.

Treffen der Volksmusiker werden zum Beispiel in Fribourg, Villars und Martigny organisiert.

Da wir schon beim Populären sind: Da gibt es meiner Ansicht nach drei großartige Beispiele welsch-schweizer Volkskunst: Die Scherenschnitte aus dem Pays-d'Enhaut, die Chöre aus dem Greyerzerland und die "Poyas" an den Fribourger Bauernhäusern.

20

Nach der Kultur jetzt etwas Technisches: Wasserkraft und Eisenbahnen.

Dazu noch Salz, die Uhren und eine unterirdische Mühle. Ich verstehe nicht viel von Stauseen. Aber das scheint ja die einfachste Sache der Welt zu sein. Man sperrt ein Tal ab mit einer Wand, lässt die so geschaffene Wanne volllaufen und das gesammelte Wasser saust durch Rohre runter in Turbinenräder, deren Drehung in Elektrizität umgewandelt wird. Das wär's! Eine Schwierigkeit scheint eher darin zu bestehen, so eine Anlage überhaupt noch zu bauen. Ewiger Kampf der Natur"schützer" gegen "-schänder". Obwohl die Hüter einer Herde Bergziegen auf der Höhe ja auch Verbraucher sind; was aber nicht so schwer wiegt, solange der Strom in der Hütte aus einem Elektrizitätswerk von etwas weiter weg kommt. Andererseits, als man das ganze Tal von Andermatt hinter dem Furka Pass in einen riesigen See aufstauen und den Ort drin ersäufen wollte, dann erscheint mir das doch etwas übertrieben. Und in jüngster Gegenwart ist immer noch ein Gerangel um das Safiental und die Greina in Graubünden.

Das ist nun eigenartig, dass ich, obwohl ich mich doch eher als Naturfreund fühle, die Staumauern und -seen von Moiry, Mauvoisin und Dix gar nicht abscheulich finden kann. Und die Wanderer, die an den Ufern vorbeilaufen oder über die Krone der Mauer, scheinen auch keine Tränen des Entsetzens in den Augen zu haben und die geballten Fäuste des Zorns in den Himmel zu strecken.

Ich stelle mir auch angenehm schaudernd vor, wie ein Geisterdorf bei Trockenheit aus den fallenden Fluten aufsteigt, und selbst aus dem gefüllten See haben Leute bei Vollmond das Glöckchen der versunkenen Kapelle läuten hören. Ich bin außerdem überzeugt, dass die meisten ausschließlich nach technischen Grundsätzen konstruierten Gebilde unfehlbar schön werden. So die Brücken, Pyramiden, Schiffe, Flugzeuge und eben auch die Staumauern.

Ich lade Sie zu einem Besuch von sechs *Stauseen* ein, und beschreibe kurz, wie Sie dorthin kommen:

1. Der kleine Lac de Salanfe,

der sich eigentlich kaum als Stausee zu erkennen gibt. Keine Riesenmauer, eher ein Riegel am Ende. Am Großartigsten ist es natürlich, ihn auf der ziemlich anstrengenden Wanderung um die Dents du Midi kennen zu lernen. Diese Tour ist bei (sehr) guter Kondition auch für Flachländer ohne spezielles Höhentraining mit Bergschuh und Ausrüstung in drei Etappen mit Übernachtung in der Cabane de Susanfre und von Anthème (im Hochsommer Anmeldung nötig!) zu schaffen und zeigt schon viele Bilder der hohen und mittleren Bergwelt. Der See selbst liegt in einem groben alpinen Geröllfeld. Man kann auch mit dem Wagen über Salvan bei Martigny für einen Tagesausflug hochkommen.

2. Lac d'Emosson

Der Ausflug lässt sich mit einer schönen Eisenbahnfahrt verbinden. Auf zweierlei Weise. Ausgangspunkt ist immer Martigny und die Bahn, die über die Grenze bis nach Chamonix führt. Sie können, was ich als Wanderer Ihnen natürlich empfehlen werde, schon in Finhaut aussteigen und zur Talsperre aufsteigen (zwei Stunden), aber es ist auch ein Erlebnis, bis Le Châtelard weiterzufahren und sich dann im steilen "Mini-Funiculaire" ganz hochschleppen zu lassen und den Ausblick bis auf den Montblanc zu genießen. Außer dem Nach-oben-Blicken haben mir aber fast genau so – nach unten gesehen – die Kletterer imponiert, die wie Spinnen die Staumauer hochgekraxelt sind.

In Salvan und Finhaut gibt es ganz nette einfache Hotels; zwar ohne Luxus für weit unter 100 Franken das Doppelzimmer mit reichlichem Frühstück.

3. Lac de Dix – La Grande Dixence

Zu den Staumauern geht man im Allgemeinen wegen der großartigen Aussicht, die man von ihnen aus genießen kann. Zu dieser, der Höchsten der Welt, kommt man auch wegen dem überwältigenden Blick auf die Mauer selbst. Ich möchte Ihnen empfehlen, sich ihr im Val d'Hérémence auf dem Wanderweg von Thyon 2000 oder Mâche aus zu nähern. Jedes Mal,wenn ich das Riesending weiter hinten im Tal aufsteigen sehe, dann komme ich mir vor wie in einem Trickfilm, wo man vor Übertreibungen nie sicher ist und diese auch akzeptiert wie in den Wildwestfilmen wilde Schießereien im Saloon wegen einem verschütteten Whisky. Da geht mir durch den Kopf, dass, bräche die Mauer bei vollem Becken, die sich ergießende Welle das ganze Rhonetal und dazu noch den halben See ertränken würde; Lausanne bis zehn Meter überm Normalpegel eingeschlossen. Das Ganze hat einfach etwas Ungeheuerlich-Unwirkliches, an dessen Realität man glauben muss, je näher man kommt. Dabei verliert das Monster aber fast wieder etwas von seiner Überheblichkeit. Trotzdem, Sie sollten seine Höhe auch körperlich spüren, indem Sie den Pfad vom Fuß bis auf die 285 Meter hohe Krone hochsteigen, und es wird Ihnen zusätzlich noch einigen Schweiß kosten, den Weg oben auf der ganzen Länge (700 Meter) des Bogens abzulaufen. Beim Blick über den See in die starre Eiswelt des Montblanc de Cheillon und vorbei an Rosa Blanche und den Aiguilles Rouges gruselt es mich dann wieder ein bisschen mehr.

Die Besichtigungen vom Bauch der Dixence und dem Kraftwerk in Bieurdron sind nach Anmeldung möglich.

4. Lac de Moiry

Da geht man wieder aus anderen Gründen hin. Einer ist eines der hübschesten Walliser Dörfchen auf dem Weg, Grimentz im Val d'Anniviers, von Sierre (Siders) aus zu erreichen. Schöne alte Häuser und vor den dunklen Holzbalken sehen die Geranien aus, als hätten sie in der Sonne Feuer gefangen. Sie können von dort bis an den Stausee weiterfahren. Sie werden aber sicher den nicht allzu steilen Weg hochwandern wollen und dann sogar den längeren Anstieg zur Cabane de Moiry auf der Gletschermoräne nicht scheuen.

Oben sollten Sie dann den Durst mit ein paar Gläsern kühlem Fendant löschen; nirgends schmeckt er so gut wie hier in der Höhe! Das wäre der gute zweite Grund und der dritte ist der schöne Rundblick.

5. La "Joux-Verte"

Von diesem ältesten industriellen Stausee der Schweiz haben wir ja schon ausführlich im Abschnitt vom "Zipfel des Sees" gesprochen und so erwähne ich ihn hier nur "pro memoria".

6. Lac de Montsalvens

Hier mache ich es genauso kurz und verweise Sie auf die Beschreibung im 14. Kapitel "Hinterland".

Es sieht alles so friedlich aus, das Wasser, das man eingesperrt hat hinter Mauern, bevor man es oft unsichtbar durch die Röhren ins Tal rasen lässt auf die Turbinenräder. Doch dann platzte im Wallis kürzlich ein Druckrohr in der Erde und der Strahl hob zehn Meter Fels und Erde hoch und spülte zwei Chalets und deren Bewohner mit weg.

Eisenbahnen

Die Schweiz ist ein Eisenbahnparadies und die Hälfte des dichtesten Netzes Europas wird heute noch von Privatbahnen befahren. So könnten Sie an der Hauptlinie zwischen Genf und Martigny praktisch an jeder größeren Station anhalten und dann in einen Zug ins Hinterland umsteigen. Haben Sie eine Karte vor sich? Fangen wir im Westen an:

1. Nyon – St-Cergue – La Cure

Die Reise vom See über Weinberg und Wiesen in die ersten Juraketten.

2. Morges – Apples

Dann entweder weiter nach Bière oder L'Isle. Wirklich würde ich da die zweite Variante vorziehen, es sei denn, die etwas trübe Atmosphäre in der Nähe eines Panzerübungsplatzes (in Bière) würde Sie anziehen. L'Isle dagegen mit seinem kleinen Teich und dem angenehm bescheidenen "Herrschaftshaus" (das Wort Schloss wäre übertrieben) ist einer meiner Lieblingsorte. Könnte auch Ihnen gefallen, wenn Sie nicht gerade ein Versailles oder Potsdam erwarten.

3. *Lausanne – Echallens – Bercher*

Eine Reise durch das Waadtländer Bauern- und Weizenland. Aber ursprünglich eher in Richtung Lausanne wichtig, denn der "Schubkarren" (la brouette) brachte die Esswaren in die gefräßige Stadt.

4. *Yverdon – Ste-Croix*

Obwohl nicht von Léman-See ausgehend, sei hier kurz die von Yverdon (Neuenburger See) nach Ste-Croix fahrende Linie erwähnt ins Reich der Spieluhren.

5. *Von Vevey aus startet ein ganzes Spinnennetz von Gleisen:*

– Die gelbe Weinbergsbahn nach Chexbres. Ausgangspunkt der angenehmen Spaziergänge durch den Dézaley Rebhang.

– Die Zahnradbahn auf den Mont Pèlerin. Abfahrtsort ist aber nicht der Bahnhof, sondern Corseaux, mit Trolleybus oder in kaum zehn Minuten zu Fuß immer nördlich der Bahnlinie in Richtung Lausanne zu erreichen (Abstecher ins alte Arbeiterviertel "derrière gare" möglich). Der Mont Pèlerin ist der ideale Spazierberg überhaupt mit vielen Einkehrstationen in Beiseln und Restaurants.

– Vevey – Blonay – Les Pléiades. Geht vom Bahnhof aus noch etwas höher hinauf bis in die Narzissenfelder im Mai/Juni. Auch von da ein weitläufiges Netz von Spazierwegen. Von Blonay führt übrigens eine Nebenlinie nach Chamby mit seinem Oldtimer-Eisenbahnmuseum, welche fast immer an Wochenenden mit Dampflokveteranen befahren wird. Der Bahnhof mit seinen dort werkenden Eisenbahnfreaks zu besichtigen lohnt sich sowieso.

6. *Montreux*

ist Ausgangspunkt der legendären "Montreux Berner Oberland Bahn" (MOB), die bis nach Gstaad und Zweisimmen führt und weiter mit dem "Golden Pass" bis Interlaken und Luzern. Ein besonderes, wenn auch etwas teureres Erlebnis in einem der Panoramic-Ersteklasse-Wagen. In Montbovon könnte man umsteigen in Richtung Gruyère zu Städtchen, Käse und Doppelrahm mit Früchten!

Steil in die Höhe geht es über Glion und Caux auf die Rochers-de-Naye. Von dort haben Sie einen ungeheuren Blick auf den See und können außerdem den Alpengarten "Rambertia" besuchen.

7. *Aigle*

Drei Bahnen fahren in die Höhe: Eine anfangs sehr malerisch durch Weinberg und am Schloss vorbei, mit der Möglichkeit, von Les Diablerets aus mit der Seilbahn zum Gletscher bis auf 3000 Meter zu kommen. In den Kurort Leysin (der Balkon über dem Rhonetal) kraxelt die steile Zahnradbahn. Schließlich kann man aber auch Tal und Rhonefluss überqueren und gegen Süden über Monthey nach Champéry klettern unter die imposanten Dents du Midi, sicher die schönste Bergsilhouette bis zum Matterhorn.

8. *Schließlich Martigny*

Der "Montblanc-Express" führt bis ins französische Chamonix und die Montblanc-Region. Aber nichts hindert Sie daran, schon in Le Châtelard aus- und mit einer halsbrecherisch steilen Seilbahn bis zum Stausee von Emosson hochzusteigen.

Nun möchte ich aber mit den Fahrplänen aufhören, und wenn Sie immer noch keine passende Liaison gefunden haben, dann kann ich Ihnen auch nicht helfen. Es fällt mir gerade noch rechtzeitig ein, dass ich die Bahn von Bex nach Villars zu erwähnen vergessen habe.

Natürlich gäbe es noch viel mehr über Eisenbahnen zu sagen; insbesondere was die alten Dampfloks angeht. Die haben es leider nicht mehr geschafft – wie die "Dampfer" auf dem Genfer See – , wieder zu Recht und Ehren auf den Schienen zu kommen. Warum eigentlich nicht?

Aber vielleicht würde so ja etwas vom sentimentalen Herzblut zur Ader gelassen. Und das Abenteuer würde so viel gewöhnlicher im Linienverkehr. Wie jener schon pensionierte Prokurist, der sich schwarz verschmiert an einer alten Dampflok in Chamby über Montreux zu schaffen machte, es ausdrückte: "Wissen Sie, so eine Maschine wieder in Gang zu setzen, das hat schon fast erotischen Charakter." Also wird es wohl bei einer intimen Liebesaffäre bleiben.

Es gibt noch einen Eisenbahnspielplatz in Bouveret am Ende des Sees mit dem "Vapeur Park". Und in Villy bei St-Triphon zeigt ihnen Michel Pousaz seine Kleinbahn. Also genug zu tun und zu bestaunen für die zahlreichen großen und kleinen Eisenbähnler.

Noch mehr Technik?

Erwähnt habe ich schon die Salinen in Bex. Sie erinnern sich. Die stolzen Waadtländer brüsten sich ja damit, dass es alles auf und auch unter ihrem "Land" gibt: Getreide, Trauben und eben das Salz. Etwas übertrieben ist das doch, denn Erz und Kohle gab es nie in wirklich industriell interessanten Mengen.

Trotzdem sind noch zwei außerordentliche unter der Erde "unter"-gebrachten Dinge zu erwähnen, die wohl Ihr Interesse verdienen: Die Asphaltmine von Couvet bei Neuenburg. Asphalt, der uralte schwarze Stoff, mit dem schon die Phönizier die Planken ihrer Holzboote abdichteten. Eine interessante Anwendung kann auch bewundert, mehr noch, sogar verspeist werden, nämlich der im Asphalt gekochte Schinken und dazu die "Rincette", ein typischer Aperitif des Val de Travers. Im Restaurant am Eingang der Mine.

Dann noch die fantastischen unterirdischen Mühlen in Col des Roches bei Le Locle, auch im "Quertal" (Val de Travers) des Jura. Im löchrigen Kalkstein verschwindet und taucht das Wasser ja auf, wie es gerade will. Als man dann einen stetig fließenden Kanal fand, der sich untertag verkrochen hatte, dann dachte man sich eben aus, diesen Antrieb zu nutzen, dazu noch geschützt im Bauch der Erde. Und alle die uns schon im Tageslicht berührenden Ereignisse im Zusammenhang mit der Mühle (schließlich kommt uns da doch etwas von Schuberts traurigem Müllergesellen in den Sinn, "ich hört ein Bächlein rauschen" oder sogar Max und Moritz' schlimmes Ende!), nehmen hier näher am Mittelpunkt der Welt eine wirklich beängstigende, fast Höllenschlucht-Stimmung an.

Schließlich sollte man doch etwas über die Uhren sagen; die Instrumente, die die Zeit bestimmen, den Lauf der Welt in definiert Messbares zerstückeln. Leicht könnte ich es mir machen, indem ich Ihnen mitteilte, wo es diese Wunder-Werke denn zu sehen (und kaufen) gäbe; natürlich in den noblen Geschäften in der Rue du Bourg in Lausanne, dem Quai des Bergues in Genf oder in Vevey am Marktplatz bei Lionel Meylan. Ich könnte Ihnen die Liste der besten Manufakturen aufzählen, wobei es schon eine etwas arbiträre, aber nicht ganz nutzlose Hilfe wäre, sich auf die Doppelnamen zu beschränken. Die noblen Ulysse Nardin, Baume & Mercier, Girard-Perregaud, Audemars Piguet, Vacheron & Constantin, Patek Philippe sowie Jaeger-LeCoultre. Alle (oder fast alle) mit guten Wurzeln in den einsamen herben Tälern des Jura.

Da ist eine Frage, die mich nie losließ: Wie kamen diese stillen groben Männer in ihren schlecht beleuchteten Stuben gerade dort dazu, diese winzigen Wunder der Präzision zu bauen? Männer, die mit klobigen Fingern auch das Holz spalteten und das Heu griffen im trocknen Sommer und in harten Wintern, denn im Jura misst man oft die tiefsten Temperaturen in ganz Europa.

Nein, ich werde nicht versuchen, meine hausgemachten primitiv-philosophischen Betrachtungen über Zeit und Sein hier unterzuschieben. Da schaue ich lieber gedankenlos meine kleine Sammlung an; die Tourbillon unter drei Goldbrücken von Girard-Perregaud und Ludwig Oechslins Perpetual von Ulysse Nardin und freue mich daran, dass ich an deren Geschick und Können teilhaben darf, eine Kraft so schön in Takte aufzuteilen. Und auch wenn ich sie nie besitzen werde, der schöne Traum vom geradezu mythisch Zeitlosen: *Die wunderbare Leda.*

21

Was kreucht und fleucht. Was wächst und sprießt. Narzissen suchen

über Montreux oder Iris beim Schloss Vuillerens und Anemonen an einem toten Kanal. Die Wasseramsel, ein "Admiral" und die Dohlen. Nein, da möchte ich Ihnen nun wirklich nichts vormachen. Ich verstehe nicht viel von Botanik und Zoologie.

Oder, anders ausgedrückt: Es macht mir Freude, ein Paar große Vögel mit ausgebreiteten Schwingen überm See kreisen zu sehen. Aber es ist mir unmöglich zu bestimmen und auch beinah gleichgültig, ob es sich da um Habicht, Bussard oder Sperber handelt. Gibt es hier Adler überm See? Seeadler? Nein, das arg gerupfte amerikanische Wappentier mit dem schönen weißen Kopf kenne ich nur vom Fernsehen. Es sei vom Aussterben bedroht, hörte ich.

Es gäbe jede Menge heimischer Orchideenarten hier, meint dagegen die Nachbarin, die sich auskennt. Ich bin schon froh, dass ich weiß, dass die Blumen, die auf der Höhe hinter Montreux und Vevey bis Mitte Juni die Wiesen weiß überdecken, Narzissen heißen. Sommerschnee auf den Matten. Dichternarzissen. Narcissus poeticus. Und sie seien giftig. Und sie verströmen einen betörenden Duft, der einem in den Kopf steigt, den Kopf verdreht. Rausch! Reine Poesie wie von Baudelaire oder Mallarmé. Les Fleurs du Mal?

Wenn wir von Blumen reden. Auf der Höhe hinter Morges liegt das hübsche Schlösschen Vuillerens. Eines von dem mancher aussichtslos träumt, es einmal zu besitzen oder wenigstens einen Monat drin wohnen zu dürfen. Dort ist die größte Pflanzung farbenprächtiger Iris weit und breit. Fast grenzt die Pracht schon ans Grelle. Und am alten Kanal von Entreroches, den wir schon einmal erwähnt haben, gäbe es gewaltige Felder gelber Anemonen im Frühsommer.

Die enigmatisch-mythischste Alpenblume ist natürlich das Edelweiß und im Val d'Entremont bei Vichères gibt es volle Wiesen. Ich kenne eine Stelle, wo Tausende noch wild wachsen; aber der Mann, der mir den Ort zeigte, ließ mich versprechen, es nicht weiterzusagen und daran muss ich mich halten. Am Lac de Lona über Grimentz dagegen habe ich sie selbst gefunden. Dort können Sie jetzt selber suchen. Sie sind schön; aber etwas grauer und unscheinbarer als auf den Bildern. Die kosmetische Industrie hat den Wert dieser Pflanze entdeckt und bei Bruson im Wallis wird sie in Plantagen gezogen. So geht zwar etwas vom Mythos und der Romantik schleifen (die heroisch-tränenreiche Legende vom jungen Mann, der um seiner Geliebten einen Strauß zu bringen halsbrecherische Wände erklettern muss … und dabei abstürzt …), aber zumindest nicht die Pflanze! Nicht ganz unwichtig, denn in meinem Waadtländer Naturkundebuch stehen in langen Listen die Namen ausgestorbener Pflanzen und vertriebener Tiere. Andrerseits haben sich neue, die ursprünglich nicht hierher gehörten, eingeschlichen. Sind eingewandert, ohne Papiere: Erdmandel und Knöllchengras. Feinstieliger und Persischer Ehrenpreis. Großähriges Liebesgras. Indische Eleusine. Wilde Mohrenhirse. Strahllose Kamille. Und so weiter. Botanische Globalisierung. Die Pflanzen haben nette Namen. Wie die dunkelhäutigen hübschen Mädchen, denen man jetzt hier auf den Straßen begegnet.

Dass Bär, Luchs und Wolf wieder angesiedelt werden sollen, erscheint mir dagegen eine etwas heuchlerisch scheinheilige Wiedergutmachungsaktion des "Raubtiers" Mensch.

Niemand soll aber sagen, dass hier nichts für die Erhaltung der Natur gemacht wird. Allein im Kanton Waadt gibt es mehr als 50, wenn auch oft sehr kleine Reservate. Manche sind aber, sagen die Spezialisten, so winzig, dass ein unbekümmertes ungestörtes Wachsen dort gar nicht möglich ist. Weil die Zaungäste trotzdem und ungefragt mitmischen.

Überhaupt haben es auch hier die Naturschützer schwer; sie müssen sich wehren nicht nur gegen die Landwirte, die Kies-aus-dem-See-Baggerer, Skiliftbetreiber, Häuslebauer …, sondern auch die "Naturfreunde" selber. So sollten im Mündungsgebiet der Rhone eigentlich die das ehemalig Sumpfgelände austrocknenden Bäume rausgerissen (ein zweiter kleiner "Lothar" käme da gerade recht) und eine mittelgroße Überschwemmung herbeigesehnt werden, um ein ursprünglich feuchtes Schwemmland wieder herzustellen. Der beauftragte Hüter dort erklärte mir, dass er jedoch Racheakte von naturbeflissenen Liebhabern zu befürchten habe, wenn er auch nur einen Strauch entferne. Oder er muss es bei Nacht und Nebel tun.

Er hat es aber (Sie erinnern sich?) immer noch besser als sein Walliser WWF-Kollege, der sich auch schon mal schnell eine Drohung einhandelt, wenn er ein die "öffentliche Interessen" zu sehr störendes Naturerhaltungsprojekt verteidigt.

Aber seien wir nicht zu kritisch! Kaum aus den Siedlungen heraus, finden wir in Berg und Tal viel Unberührtes. Vielleicht ist es ein Glück, dass der weitaus größte Teil der Schweiz bergig unfreundlich ist für pilzartig auswuchernde Zersiedelung. Und es gibt, ein noch größeres Lob, Leute wie Franz Weber (nochmal), der sich mit seiner Bewegung "Rettet die Lavaux Weinberge" erfolgreich für die weitgehende Unantastbarkeit der steilen Rebhänge zwischen Vevey und den Vororten Lausannes einsetzte, auf die es die Freunde vom Bürgermeister wohl schon abgesehen hatten.

Die Botanikfreunde dagegen würden sich hier – nehme ich an – insbesondere an der Bergflora erfreuen und es gibt verschiedene schöne Alpengärten; darunter die "Thomasia" (Plan sur Bex) und "Rambertia" (Rochers-de-Naye), aber ich mag auch den Garten des Herrn Aviolat in meinem Wunderhügel St-Triphon in der Ebene.

Ich wiederhole, dass ich wenig von Tieren und Pflanzen verstehe. Das hindert mich nicht daran, einige besonders zu mögen. Von den Tieren den Esel mehr als das Pferd; die Enten, die Wasseramsel und die Bergdohle. Den Schmetterling. Die Nachbarin sprach vom schönen "Admiral", und dass das einer der wenigen Falter sei, die in den Süden fliegen und erst zum Eiablegen und Verpuppen wieder hierher zurückkommen. Und sie bat mich, aus dem Internet noch mehr Informationen über ihn herauszuholen. Was ich dann tat und dabei auch etwas lernte, was mir die ganze Problematik des Naturschutzes auf einen Schlag klarmachte: Der wunderschöne Admiral, d.h. seine Raupe aus der er schlüpft, kann nur auf und von Brennnesseln leben. Oder noch einfacher: Ohne diese, die wir doch als unnütz ausreißen, gibt es auch bald diesen schönen

Schmetterling nicht mehr. Aber die ordentlichen Ziergartenbesitzer und Rasenmäher werden mit freundlicher Unterstützung der Profigärtner sicher alles tun, um mexikanische Sträucher und südostasisches Gestrüpp hier einzusetzen, weil ihnen ja die hierher gehörenden Pflanzen gar nicht gefallen. Und endlich weg mit dem Unkraut! Wie die Brennnessel mit dem schönen Admiral. Aber dann können wir ja zumindest ins "Papiliorama" bei Neuchâtel (in Marin) gehen, dort gibt es einen "Schmetterlingszoo", wo jene, die wir draußen mangels natürlicher Bedingungen ausgerottet haben, künstlich nachgezogen und hochgepäppelt werden. Übrigens lohnt sich dort der Besuch; auch im angeschlossenen "Nocturama" und Tropengarten. Vorsicht! Es ist stickig heiß drin; Sie brauchen keinen Kittel. Eine Führung ist angebracht für jene, die nicht alles selber wissen. Das "Nocturama" imponierte mir besonders; man tritt ein und schon ist der Tag zur Nacht gemacht. Also, um eine Zeitverschiebung von zwölf Stunden zu erleben, müssen Sie nicht mehr nach Wellington oder Wladiwostok fliegen, sondern nur nach Neuenburg fahren.

Was hätte wohl Nabokov, der große Schmetterlingsfänger, dazu gesagt?

Jetzt die Vögel. Trotzdem würde ich gern etwas mehr von den Raubvögeln wissen, die hoch über mir schweben. Denn es sieht so friedlich aus. Aber dann denke ich, dass sie da oben zumindest noch frei über allem sind und man sie dort in Ruhe lassen sollte. Manchmal sehe ich ja einen auf den Leitplanken längs der Autobahn sitzen und dann kommen sie mir irgendwie traurig, verknittert vor, und die Vorstellung, dass sie neben den Autokolonnen einen neuen "Lebensraum" gefunden haben sollen, erheitert mich überhaupt nicht. Im Gegenteil, es kommt mir eher vor als sitze ich dort neben ihnen trist auf der Anklagebank.

Jetzt zu meinem Lieblingsvogel, der Wasseramsel. Wir spazierten neben dem kleinen Flüsschen Gryonne, das von der Kantonalstraße zwischen Aigle und Bex gegen den Berg hochführt; man nähert sich gemütlich den Salinen von Bex. Die können Sie dann auch gleich besuchen. Auch ein Restaurant liegt am Ende des Weges.

Ich vermute, dass man den Bach bei seinem Weg ins Tal begradigt hat. Er fließt in Treppchen ins Rhonetal; Steine und Felsbrocken liegen im Bachbett und machen uns Natürlichkeit vor. Ein dunkelbraunes, fast schwarzes Vögelchen mit weißer Brust und Kehle, als hätte es ein Lätzchen umgelegt, schwirrt schnell und fickerig von Stein zu Stein; streift das Wasser fast mit den Flügeln. Ich denke mir, dass es uns seine Kunsstücke vorführen will, so gewandt sieht es aus. "Das ist eine Wasseramsel", sagt einer von den Begleitern, dann verloren wir sie kurz aus den Augen. "Manche sagen auch Wasserschmätzer dazu", meint er leise, als wir sie wieder zu Gesicht bekommen. Jetzt flattert sie zwischen Luft und Wasser hin und her, hinunter und hinauf, munter den Lauf vom Wasser nachzeichnend. Dann schauen wir einfach noch eine Weile wortlos zu und gehen schließlich weiter, so, als wollten wir, Vögel und Menschen, uns jetzt gegenseitig eine Weile in Ruhe lassen …

Später sah ich den gleichen Vogel auch an der Rhone wieder, bei St-Maurice unter der alten Brücke. Seitdem behaupte ich felsenfest, dass die Wasseramsel mein Lieblingsvogel ist. Nicht mehr die Enten.

Die Ornithologen werden die “Grangettes” am Ende des Sees besuchen wollen; einen der wichtigsten Landeplätze der Zugvögel auf dem Weg nach Süden oder Norden. Aber ich versuche gleich gar nicht, Ihnen Einzelheiten mitzuteilen. Behalten habe ich, dass es dort achtzig verschiedene Vogelarten gibt in Wasser, Sumpf und Wald.

Nur noch zwei Dinge kurz zu Vögeln. Zuerst: Auf dem Col de Verne auf dem steilen Weg zu den Cornettes de Bise musste ich einmal ganz unbeabsichtigt den Nestern der Bergdohlen zu nahe gekommen sein, und die stürzten sich dann, getragen vom Wind, der durch den Pass zischte, wie wilde Stukas auf mich. Ich hatte da richtig Angst gekriegt und war gleichzeitig voll Bewunderung über deren fantastische, schon allen einengenden aerodynamischen Gesetzen spottende Leichtigkeit. Ich war froh, davonzukommen, denn Hitchcock’sche Vögel-Ängste waren bereits nahe, aber noch nie vorher hatte ich erlebt so einbezogen zu sein in ein Ballett wunderbarer Freiheit und Schwerelosigkeit.

Ich möchte hier die stolze Bemerkung einflechten, dass ich der besten Sängerin unter den Vögeln nicht nur zugehört, sondern sie auch gesehen habe, der Nachtigall. Denn die versteckt sich auf zweierlei Weise. Erstens hat sie sich ein ganz unauffälliges Kleid angezogen und zweitens sitzt sie gar nicht weit oben im Geäst, wo wir sie mit gestrecktem Hals suchen, sondern meist ganz unten, oft nur mannshoch und kaum zehn Schritte weg. So folgt sie ganz intelligent Edgar Allan Poes Rat, dass man das Wichtigste, um unentdeckt zu bleiben, ganz einfach unversteckt lassen soll.

Im Januar findet oft eine Zusammenkunft von Millionen einer “Nordmeise” statt (den genauen Namen kenne

ich nicht), die auf dem Zug nach Süden in den Buchenhainen zwischen Bulle und Vevey einen Halt einlegt und das großartigste Himmelsballett aufführt, das man sich vorstellen kann. Und wenn sie diese ungeheuren sich aufbauenden und gleich wieder in ein anderes Muster zerfließenden Linien und Graffiti in den Himmel zeichnen, dann frage ich mich, wer denn wirklich diese ungeheure Luftflotte anführt und das Kommando hat.

Pferde. Ich kann nicht reiten. Einmal in Südamerika hat man mich auf ein Pferd gesetzt in der Annahme, ich könnt' es, und das war ein entsetzliches Erlebnis. Es gibt Reitställe überall hier. Aber nur eine Araberpferdezucht. Und die befindet sich in Brenles über Moudon. Ich erwähne das nicht als großer Pferdeliebhaber, sondern weil diese Tiere so außerordentlich schön sind.

Eigentlich sind mir aber die Esel sympathischer und ich frage mich, warum Maria auf einem Esel statt auf dem protzigeren Pferd nach Bethlehem geritten ist – und auch von dort weg. Vielleicht ist es, dass Pferde da sein müssen zum schön und schnell sein. Die Esel gleichzeitig störrisch und ergeben und schlau.

Wenn Sie aber ein Pferdefreund sind, dann dürften Sie eigentlich nicht den "Marché-Concours" mit den Freiberger Rossen in Saignelégier/Jura versäumen. Diese volkstümliche Veranstaltung lockt jeden zweiten Sonntag im August tausende von Zuschauern an. Man sieht Kutschrennen, Kinder jagen auf ungesattelten Pferden vorbei; doch die "Hauptpersonen" sind zweifellos die Tiere. Von Biel/Bienne erreicht man den Ort in einer kurzen Stunde.

Die Tiere der Berge, Murmeltier, Gemse und Steinbock habe ich alle schon einmal irgendwo gesehen. Aber die Eingeweihten wissen, dass man das nicht vorbestellen kann. Dies ist auch witterungsbedingt und jahreszeitabhängig. Die gültigen Auskünfte werden Sie bei den lokalen Touristikbüros und den Leuten vom (vor) Ort einholen müssen.

Ich mag eigentlich nicht die künstlich domestizierte Naturnähe. Trotzdem, mit den Enkelkindern gehe ich oft in den kleinen Zoo in Servion an der Straße Lausanne – Moudon.

Die Kinder haben dort ihre Freude – und das zählt.

22

Sport schauen und noch besser selber treiben. Aber am besten den von hier:

"Bol d'Or", "Combat des Reines", "Sierre-Zinal," das "Rominger Klassik" oder gar einen "Hosenlupf"? Sport! Den wollen wir zuerst mal ganz grob unterteilen in "Sport machen" und "Sport zuschauen". Denn beides muss wohl nicht immer zusammenpassen. Ich kann mir zum Beispiel nicht vorstellen, dass die mir übrigens durchaus sympathischen bierbewehrten Borussia-Dortmund-Fans in der Nordkurve alle Sport "machen". Eine dritte Variante ist natürlich möglich, doch heute schwer vorstellbar: Weder Sport machen noch zuschauen. Obwohl! In diese Richtung träumt die Schweizer Happening- und Entertainment-Künstlerin Pipilotti Rist: "Die Welt ist hellblau. Die Zeit läuft auf Kommando schneller oder langsamer. Sport gibt es nicht. Alle sprechen japanisch."

Und Churchill behauptete wohl, dass er seine auch in hohen Jahren ungebrochene Lebenskraft ausschließlich dem unmäßigen Verbrauch von Zigarren und Whisky zu verdanken habe, sowie dem strikten Sich-Fernhalten von jeglicher sportlicher Betätigung (Letzteres wird übrigens angezweifelt).

Wenn Sie mit Frau Rist einverstanden sind, dann können Sie jetzt ein paar Seiten überschlagen. Denn ich schreibe trotzdem weiter.

Zuerst mal zu Sport schauen!

Sicher brauchen Sie nicht in die Schweiz zu kommen um ein Fußballspiel anzusehen. Das können Sie besser zu Hause haben und Handball ist sicher emotionaler in Kiel oder Wallau-Massenheim.

Manchmal mag es wohl für das Verständnis eines Ortes und seiner Menschen aufschlussreicher sein, einer Veranstaltung minderer Klasse beizuwohnen als einer elitären, staubfrei aseptischen und hochgedopten Demonstration von Weltspitze. Ich versuch's in meinem Fall zu erklären. Zwei der interessantesten, obwohl sportlich sicher nicht höchstklassigsten Ereignisse waren die Boxkämpfe in einem Club im Londoner Südosten im Zigarettenqualm und mit einer Menge von McEwans "draughtbeer" sowie die hier in der Nähe von Vevey in der kleinen Ortschaft Châtel-St-Denis ausgetragene Meisterschaft im Armdrücken. Bei Letzterer hätte ich mich, wäre ich nicht schon vergeben gewesen, in die Schweizer Meisterin verliebt, eine etwas stämmige und fröhliche Maid aus dem Berner Oberland. Dagegen war ich zwar beeindruckt, aber innerlich ziemlich kaltgelassen von den Weltmeisterschaften der Kunstturner in Lausanne, wo muskelvollgepumpte Supermänner und unendlich verdehnbare Zwerginnen völlig wahnwitzige Sprünge und Verrenkungen durchführten.

Und es mag sportliche Ereignisse geben ähnlich wie die bei Ihnen zu Hause auch; und trotzdem mögen Sie hier eine unvergleichbare Ambiente und Atmosphäre haben. So glaube ich, dass es nirgends ein Tennisturnier wie das in Gstaad geben kann; oder das 10-Meilen-Rennen durch Bern, der Murtenlauf und das Rominger-Klassik im Radfahren von Vevey hoch in die Berge nach Montana. Von den alpinen Bergläufen ganz zu schweigen.

Zuerst aber einmal etwas ganz Sporthelvetisches.

Natürlich ist gleich einzuräumen, dass es sich hier nicht immer um etwas spezifisch Welsch-Schweizerisches handelt, aber ziemlich sicher nirgends sonst als in der Eidgenossenschaft ist diese Sportart zu Hause. Und ich möchte fast wetten, dass Sie (als Deutsche) nicht einmal die Namen kennen:

Schwingen

Das heißt ans Schwingen bzw. den "Hosenlupf" hätten Sie sich vielleicht erinnert, wenn Sie Ihren Jeremias Gotthelf gut gelesen hätten. Es ist die Schweizer Version des Ringkampfs. Er wird im Freien, auf einer rund ausgestreuten Schicht aus Sägemehl ausgetragen. Nicht nur wegen des Rings scheint mir da eine gewisse Verwandtschaft mit dem japanischen Sumo vorzuliegen, wenngleich die Kilos und Hängebäuche zur Absenkung des Schwerpunkts der kritischen Masse der Kämpfer nicht ganz vergleichbar mit denen der Sumitori sind. Aber es sind schon grobe Broken, die da aufeinander treffen. Aber doch "anständiger" angezogen, mit langer Hose und Hemd, wobei man zwei Schulen schon an der Kleidung unterscheidet: die der "Sennen" und die der "Turner". Die Ersteren haben lange, eher graue Hosen und ein blaues Hemd an; die Letzteren sind etwas eleganter ganz in Weiß gekleidet. Es gibt nur eine Gewichtsklasse. Die Männer "steige in d' Hose", das ist eine feste Drillich(unter)hose, die über die Langen angezogen wird, an der man den Gegner (eben ähnlich wie beim Sumo oder auch Judo) festhalten kann. Dann werden die Kämpfer versuchen, den Gegner nicht aus dem Ring zu schieben, sondern auszuhebeln mit dem Judo ähnlichen Griffen, auf den Rücken zu legen und zu fesseln.

Besonders schön und sportlich finde ich die Geste, wie der Sieger dem Unterlegenen das Sägemehl vom Rücken wegstreicht; vom Rücken, auf den er gerade vom Sieger gelegt worden ist. Eine schöne Geste der Versöhnung, demütig und zurückhaltend im Sieg. Im Vergleich zu den verachtenswerten Allüren alberner Fußballspieler, die sich im Knäuel auf den Torschützen stürzen und herumwälzen. Ein lamentables Spektakel.

Und der Sieger der Landesmeisterschaft, der "Schwingerkönig", ist hier so etwas wie eine charismatische Gestalt. Vielleicht wie die Sieger der ersten Olympiaden; eine Art Herakles vom Appenzell, aus der Innerschweiz oder dem Fribourgischen. Er hat den Status eines Vertreters des Volks, den man anhören muss. Da bin ich mir fast sicher; selbst wenn er ohne Voranmeldung bei einem Bundesrat (Minister) aufkreuzen würde, er bekäme sofort freien Zutritt. Im August findet hier in der Nähe ein Turnier auf dem Mont Pèlerin über Vevey statt.

Hornuss oder auch das "Bauerntennis"

Man spielt es im Herbst, auf den abgeernteten, abgeheuten Wiesen. Ich habe immer das Gefühl, dass es eine Art sportliches Erntedankfest ist. Wie funktioniert das? Es ist ein Schläger, der sich einer Schar von Fängern gegenüber sieht. Soweit ist es im Prinzip dem amerikanischen Baseball nicht unähnlich. Die Fänger aber sind hintereinander aufgestellt und halten den "Ball" nicht mit einem Handschuh auf, sondern versuchen das mit Hilfe von an Stangen angebrachten Brettern. Es ist auch erlaubt, zu diesem Zweck das Brett in die Luft zu werfen. Das durch die Luft segelnde Objekt gleicht übrigens eher einem Eishockeypuck. Noch schwieriger ist es, das Schlaginstrument und die Aktion des Schlags selbst zu beschreiben. Versuchen wir es trotzdem. Es ist eine lange flexible Gerte (inzwischen metallen), an deren Ende der Kopf sitzt, mit dem man die auf einer Schiene liegende Scheibe trifft (ähnlich wie beim Golfabschlag) und gegen die Fänger schleudert. Wie dem folgenden Waffenlauf gibt man auch dem Hornussen eine militärische Vorgeschichte. Es ging offenbar darum, eine Stellung gegen anfliegende gegnerische Geschosse zu verteidigen. Im nahen Bernbiet und im Solothurnischen kann man das im Herbst anschauen.

Der Waffenlauf

Die Waffenläufer sind die Nachfolger von jenem griechischen Soldaten, der den Sieg der Athener unter Miltiades über die Perser 490 v. Chr. nach Hause brachte. Und auch vom Unbekannten mit der Nachricht der Schlappe von Karl dem Kühnen in Murten bis nach Fribourg. Dass beide danach aber tot zusammenbrachen, das ist bei den Waffenläufern nicht mehr üblich. Auch werden die Verlierer nicht nach der Methode der besiegten römischen Legionen "dezimiert", das heißt, dass jeder Zehnte aus der Reihe treten muss und abgemurkst wird. Es handelt sich um Läufe, die aber in voller, wenn auch leichter Kriegsausrüstung zurückgelegt werden. Also Felduniform, Rucksack und Gewehr auf dem Rücken. Früher waren sogar die klobigen Militärschuhe zu tragen, aber da hat man inzwischen eine gewisse "Erleichterung" eingeführt. Nun bin ich bei Gott kein Militarist, eher das Gegenteil, dagegen ein ehemaliger Marathonläufer, der selbst im leichtesten Sportdress manchmal wie ein Hund auf dieser Strecke gelitten hat, und so kann ich beim besten Willen meine Hochachtung vor diesen Läufern nicht verhehlen.

Combat des Reines

Der Kampf der Königinnen ist keine Kontroverse zwischen Bienenvölkern und auch kein handgreiflicher Zwist lokaler Weinköniginnen.

Er findet meist im Val d'Hérens oder Hérémence im Wallis statt. Und es handelt sich um Kühe der Eringer Rasse, eine der ältesten und für ihren aggressiven Charak-

ter bekannt. Den Bauern der Gegend ist es mehr als eine Genugtuung, das Tier zu besitzen, das alle anderen in die Flucht schlägt. Der Kampf geht so vor sich, dass diese quasi im K.o.-System aufeinander losgehen und sich an den Hörnern drücken und schieben, bis eben eine Kuh nach der anderen aufgibt und zum Rückzug ansetzt. Und die Letzte, die übrigbleibt, das ist die “Reine”. Es gibt da übrigens keine Verletzten.

Denn ich hasse Stierkämpfe, nicht so sehr aus Tierliebe, sondern weil dabei ein schönes Tier, gleichgültig ob man es nun mag oder nicht, von einem lächerlich angeschirrten Macho langsam zu Tode malträtiert wird. Das hier ist eher ein gemütlich ländliches Schauspiel und hat mit dem Stierkampf gar nichts gemeinsam. Es sei denn die Leidenschaft, hier aber freundlich, der Beteiligten. Als ich in Spanien arbeitete, war ich jedesmal ehrlich erfreut, wenn es, als nachträglichem kollektiven Racheakt der Stiere, auch einmal einen Torero, wie zum Beispiel den Paquirri, erwischte! Es leben deshalb hoch die (zwar auch toten) Miura Stiere aus Salamanca, die das manchmal fertigbringen.

Volleyballturnier der Frauen in Montreux

Zu dieser an Pfingsten stattfindenden inoffiziellen Weltmeisterschaft kommen die besten Spielerinnen der Welt, die Chinesinnen, Japanerinnen, Russinnen, Amerikanerinnen, etc. – aber insbesondere die Kubanerinnen. Und ich gebe es ja zu! Ich gehe nicht nur wegen dem Sport dorthin, sondern auch, um mir, wie man hier sagt “rincer les yeux”. Wie soll man das übersetzen? “Mir die Augen ausspülen”. Was gemeint ist, das ist diesen geschmeidig gazellenhaft sich bewegenden und tigerinnenhaft zubeißenden cafébraunen (Milchcafé bis Espresso) Mädchen aus der Karibik bewundernd zuzuschauen. Es ist eine aufreizend sensuelle Schönheit in den Bewegungen dieser Frauen, verbunden mit ihrer lässigen Nonchalance, und wie sie die kaderhaft seriösen Riesenathletinnen aus dem Osten und Chinesensoldatinnen – von keifenden Trainern begleitet – ausspielen und aus dem Feld schlagen.

Tennis in Gstaad

Ich weiß, Gstaad liegt nicht gerade in der französischen Schweiz. Wenn Sie aber, und jede andere Fortbewegungsart vom See nach Gstaad ist dagegen geradezu lächerlich einfallslos, mit dem MOB von Montreux aus im Aussichtswagen des Crystal-Express dorthin fahren, dann machen Sie praktisch die ganze Reise durchs Welsche. Und die Reise allein würde sich schon lohnen.

Gstaad hat Klasse. Und ein Glück, man hat die Autos endlich aus der Dorfstraße vertrieben, so dass es sich dort besser und ungestörter schlendern lässt. Natürlich sind die Größen aus Film und Wirtschaft (ich erspare Ihnen die Aufzählung) etwas abseits in halbwegs versteckten Chalets behaust. Aber Sie können schon mal Roger Moore am Kiosk die neue "Herald Tribune" oder die "Times" kaufen sehen.

Nun zurück zum Tennis. Ich spiele es nur leidlich und schaue auch nicht lange im Fernsehen den Matches zu. Ich halte es außerdem für eine perfide Sportart; schon mit der komischen Zählerei, den Netzrollern und den Bällen gerade noch auf oder gerade nicht mehr auf der Linie. Und der verdammte zweite Aufschlag! Nie käme ich auf die Idee, für doch relativ teures Geld einem Tennisturnier zuzuschauen. Außer eben in Gstaad. Alles geht dort ziemlich lässig zu. Ich sah Muster und Bruguera zu Fuß zum Stadion kommen und zwischendurch mit den Leuten plaudern. Die immer zahlreich vertretenen spanischen "aficionados" sind guter Laune und etwas lärmig vor dem Platz. Und scheinen Spaß zu haben, beinah unabhängig von den Ergebnissen ihrer Spieler. Übrigens kommen fast immer alle Großen hierher, obwohl vielleicht in den Emiraten oder im Mittelwesten ein Turnier stattfindet, bei dem sich mehr Geld verdienen ließe. Es gibt den Haupt- und einen Nebenplatz; und man kann lässig in den Spielpausen von einem zum andern überwechseln.

Auch den Spielern scheint es zu gefallen; nur manchmal könnte man glauben, dass sie es fast etwas zu lässig nehmen, weil ihnen ein freier Tag länger im Gstaad-Palace an der Bar oder am Swimmingpool vielleicht erstrebenswerter erscheint, als sich noch einmal auf dem Platz durchzuschwitzen.

Und wie an jedem Tag wird die kleine Bahn nach Zweisimmen den unverzeihlichen Verstoß gegen den tennistischen Anstand begehen, wenn sie gerade dann tütet, wenn ein Spieler zum Aufschlag ansetzt. Hat man die Lokführer darauf trainiert oder rächen die sich einfach dafür, dass sie nicht länger von der höhergelegenen Kurve aus über den Plätzen zuschauen dürfen?

Ballonfahren in Château d'Oex

Das liegt im Pays d'Enhaut (Oberland), ebenfalls am vernünftigsten zu erreichen mit der Bahn (MOB) von Montreux her. Von dort aus haben Bertrand Piccard und Brian Jones mit dem Ballon die Welt umrundet und damit gleichsam das letzte noch unbewältigte terrestre Abenteuer gemeistert.

Man kann auch mitfahren (natürlich nicht um die Erde); aber ein besonderes Abenteuer wäre natürlich die Fahrt über die Alpen. Sicher ein unvergessliches Erlebnis vielleicht für die silberne Hochzeit, mit diesmal trotzdem Champagner, aber auf 5000 Meter Höhe.

Sport machen!

Da haben wir doch schon vorher einiges erwähnt und so können wir es kurz machen. In Stichworten: Alle Berg- und auch Talwanderungen. Einige, aber es ist verglichen mit den Möglichkeiten eine beschränkte Auswahl, werden im nächsten Kapitel nochmal erwähnt. Dann die Bergläufe; in Schwierigkeit crescendo der Montreux – Rocher de Naye; Sierre – Zinal und die Tour des Dents du Midi. Doch da gibt es Dutzende andere mit jedem Schwierigkeitsgrad. Mountainbike-Strecken sind gut angezeichnet und in den verschiedenen Kantonen bestehen spezielle Karten. Die Krone ist natürlich der sehr harte "Cristalp Raid" Verbier – Grimentz. Mit Straßenrennrädern findet das interessante "Rominger Klassik" statt, das von Vevey nach Montana führt. Mehrere, jeweils aus ungefähr 500 Fahrern bestehende und in gleiche Trikots eingekleidete Peletons werden von einem Weltklasseprofi angeführt. Bis Sierre ist das Rennen bei jedoch flottem Tempo neutralisiert; der ziemlich mühsame Aufstieg nach Montana ist dann jedem fürs individuelle Leiden freigegeben.

Sicher nicht besonders zu erwähnen ist, dass es überall Tennisplätze gibt. Viele Gemeinden bieten andere sportliche Betätigungen an und Fitness Parcours sowieso. Auf Golf brauche ich nicht einzugehen, weil die meist fanatischen Adepten dieser nervenzerfetzenden Sportart (von der sie aber behaupten, sie wäre beruhigend) sowieso schon jeden Parcours und die Kostenskala aus dem "ff" kennen. Wie Villars, Aigle, Montana …

23

“Per Pedes” ist es am schönsten, See und Berge kennen zu lernen.

Leider können wir dazu nicht übers Wasser laufen. Deshalb hier zumindest eine kleine Auswahl von lohnenden Zielen auf meist trockenem Boden. Ich lege meine Hitliste vor, an die Sie sich aber gar nicht zu halten brauchen.

1. *Le Dézaley; im Weinberg des Lavaux*

Am besten mit dem gelben Train des Vignes von Vevey aus nach Chexbres; von dort den Fußweg auf halber Höhe durch den steilen Dézaley Weinberg bis Epesses. Man kann an verschiedenen Stellen vorher einsteigen; etwa schon ab Corseaux oder auch an der Seestraße in Rivaz. Es gibt reichlich Hinweisschilder am Weg.

Eine Variante dazu wäre, mit der gelben Bahn bis an die Endstation nach Puidoux fahren und von dort auf den Tour de Gourze steigen, weit über dem Weinberg und mit einem großartigen Rundblick. Gleich drunter eine sympathische Wirtschaft, denn Durst mögen Sie bei diesem Ausflug schon bekommen. Aber auch auf dem unteren Weg kommen Sie auf Ihre kulinarischen Kosten. Im Sommer ist sicher einer der Weinkeller offen.

2. *Mont Pèlerin; der große Rundgang*

Mit der Zahnradbahn von Corseaux aus bis zur Bergstation. Gegen rechts hoch gehen. Von dort werden mehrere Rundwege vorgeschlagen. Wenn Sie gut zu Fuß sind, dann nehmen Sie den “Roten”. Er führt um den ganzen Berg mit Aussicht in alle Richtungen; auf den See natürlich, aber auch auf das Hinterland und die Fribourger Alpen. Ganz oben sitzt die große Antenne (Plein Ciel) mit dem alles überragenden Blick für Gipfelstürmer.

Auf dem Rückweg haben Sie zwei “buvettes” (Beiseln), “Le Défiran” und “La Buritaz”, in denen, wenn die Fahne hochgezogen ist, man Ihnen ausschenkt und etwas Einfaches aber Rechtes zum Essen auftischt.

Geht Ihnen nach Feinerem der Sinn, dann ist da immer noch die Terrasse des “Mirador” oder etwas populärer das Restaurant an der Endstation.

3. *Les Gorges du Chauderon; schaurig schön*

Von Montreux durch die Schlucht und weiter bis Glion, Les Avants, Caux oder gar die Rochers-de-Naye, je nach Ihrer Form.

Ich sagte ja schon, dass es mehrere Montreux gibt; nicht nur das der Seepromenade, Touristen und Busparkplätze. Wer sich hoch zum Bahnhof wagt und gar noch eine Stufe höher, am Theater “Du Vieux Quartier” (TVQ; Vom Alten Viertel) vorbei in die Altstadt, der sollte den Eingang in die Schlucht nicht verfehlen und in Minutenschnelle in die Kulisse à la Wolfsschlucht eintauchen.

Nach einer guten halben Stunde kommen Sie an eine Brücke. Wenn Sie die rechts liegen lassen und geradeaus weitergehen, erreichen Sie Les Avants, das etwas trist ist, und ein großes Gebäude steht offenbar ohne vernünftige Benutzung da. Einerlei, steigen Sie mit dem Bähnchen nach Sonloup; eine gute Adresse. Und wenn Sie noch mehr Energie haben, dann können Sie noch weiter hoch bis zum Restaurant “La Cergniaulaz” kommen.

Unten an der Brücke könnten Sie auch nach rechts gegen Glion abbiegen. Dort die selekten aber durchaus zugänglichen Hotel "Righi" und "Victoria". Abends sollte man dort schon dezent angezogen sein; aber mittags sind Sie auf der Terrasse im Wanderoutfit jederzeit willkommen. Weiter nach Caux, nicht besonders interessant; vielleicht sollten Sie dieses Stück mit der Bahn bewältigen. Dann die Schicksalsfrage: Auf die Rochers-de-Naye klettern oder doch lieber gleich weiterfahren? Dort oben das Restaurant im Fels und der interessante Alpengarten sowie schon fast alpine Wanderungen.

4. *Les Grangettes; das Ende vom See*

Wenn Sie schon dem See entlang gehen wollen, dann steigen Sie doch erst am Marktplatz von Montreux oder sogar in Territet ein und gehen von dort in Richtung Schloss Chillon, dran vorbei bis Villeneuve, ein Stück an Restaurants, Minigolf, Parkplätzen entlang bis ans Flüsschen Eau Froide. Hinterm Brückchen nach rechts und sich ganz in der Nähe des Sees halten. Anfangs das Vogelreservat. Dann können Sie weitergehen gegen den Einfluss der Rhone und mit etwas Phantasie sich immer noch ein verwildertes unter Wasser stehendes Delta vorstellen, das man aber inzwischen großteils bereinigt und ausgetrocknet hat. Wenn Sie bis über den Fluss kommen, haben Sie sogar Spaß und Vergnügen mit Dampfbähnchen und Wasserrutschbahnen. Und sogar einen Nacktbadestrand.

Lässiger als zu Fuß ist es, das ganze Einzugsgebiet mit einem Fahrrad zu durchstreifen. Dies kann am Bahnhof Montreux ausgeliehen werden und damit brauchen Sie nicht mal auf die Autostraße. Sie können auf dem Fußweg am See bleiben.

Achtung: Die Rhone-Ebene hat wenig Verpflegungspunkte. Auch kaum Brunnen und deren Position muss man kennen.

5. *Der Höhenweg über Fully – unter den Felsen*

Sie müssten schon sehr gut zu Fuß sein, um von Fully aus (bei Martigny) den direkten Weg, am Elekrizitätswerk vorbei und den weißen Häuschen folgend, bis zum See hoch zu klettern. Einfacher ist es mit dem Wagen bis nach Chiboz hochzufahren, obwohl die Strecke von für Bergsträßchen ungewohnte Chauffeure auch etwas Schweiß abverlangen wird. Im Restaurant "des Chasseurs" kann man sich dann notfalls von seinen Emotionen erholen. Jetzt hat man sicher auch wieder genug Kräfte gesammelt für weitere vier Kilometer bis zum Parkplatz am Einstieg des leicht zu begehenden Höhenwegs unter der Felswand – oder weiter den vier- bis fünfstündigen Rundweg. Wir sind da schon auf der Höhe der Baumgrenze mit einem schönen Blick auf das Rhonetal und die Walliser Bergwelt. Eine Warnung! An einem warmen Wochenendtag werden Sie Mühe haben, im Restaurant einen Platz zu finden. Also ist die Anfahrt offenbar immer noch zu einfach.

Da wir schon in der Nähe sind, ist auch der sentimentale Farinet-Weg mit der schwindelerregenden Fußbrücke bei Saillon zu empfehlen.

6. *Die Bisses; entlang den Wassern*

Auch darüber haben wir ja schon berichtet und wie beruhigend es sein kann, im "Gleichschritt" mit den fließenden Wassern zu gehen. Nun ist es also an Ihnen zu entscheiden, ob Sie es bei einem leichten Spaziergang belassen oder etwas von dem Nervenkitzel nachverspüren wollen, als die Männer vor Jahrhunderten die Leitungen der blanken Felswand entlang verlegten.

Die Bisses von Haute Nendaz zum Beispiel sind die gemütlichen “du Milieu” und “Bisse Vieux”. Wer etwas mehr Abenteuer sucht, mag von Anzère aus den Bisse von “Ayent” und insbesondere ab Montana den von “le Ro” vorziehen. Wie auch immer, sollte einer dieser Ausflüge zu jedem Besuch der Romandie gehören.

7. *Streifen um die “Mitte der Welt”*

Es wäre eigentlich logisch, vom Teich an der Bornu Mühle bei Pompaples, von der Wasserscheide aus, auf beide Seiten des Gefälles auszuschwärmen. Doch wir wollen es bei einer Linie lassen, die wir links und rechts davon von der mythischen Cluniazenser-Abtei Romainmôtier bis zur schön langsam einfallenden und deshalb so traurigen Kanalruine von Entreroches auslegen.

Ich schlage vor, dass Sie zuerst mal diese Strecke abfahren, über La Sarraz und Croy. Dann an beiden Enden anhalten und einfach spazierengehen; Bilder – oder zumindest ein paar Splitter – vom aufgegebenen Kanal und warum nicht sogar ein Stück vom neu aufgelebten Glauben einsammeln.

Wollen Sie aber einen gut organisierten Ausflug, dann können Sie den deutlich markierten Weg von La Sarraz nach Romainmôtier nehmen.

8. *Le Creux du Van; Unfassbares im Jura*

Auch hier will ich es kurz machen, weil wir ja schon ausführlich davon gesprochen haben. Mit dem Auto in den Jura; dann von Couvet hoch zum Creux. An einem der Bauernhaus-Restaurants den Wagen abstellen. Zum

Fels-Abbruch; daran vorbei über die Hochfläche weiterlaufen; einfach irgendwohin. Die Wanderwege sind gut beschildert. Versuchen Sie, die “Grüne Fee” zu erwischen.

9. *Das Genfer Hinterland und Carouge*

Ein lässiger Spaziergang durch Carouge zuerst. Dann drei Orte, von denen Sie auswählen können; Sie müssen diese auf der Karte suchen: Cartigny, Dardigny oder Sierne (Troinex). Es könnten fast genauso gut auch andere sein. Am besten einfach eine gemütliche Fahrradtour durchs Hinterland. Lassen Sie sich vom Hotel, aber auch vom Verleiher des Velos beraten.

10. *Schauer an Bergseen und Staumauern*

Davon ist in den Kapiteln übers Wasser ausführlich berichtet.

11. *Die Rhoneebene; flussaufwärts*

Alles ist da beim “Ende vom See” schon beschrieben. Und wenn Sie das gelesen haben, dann werden Sie auch meine besondere Vorliebe für St-Triphon nicht übersehen haben; sowie für das Hinterland von Bex, Aigle und St-Maurice.

12. *Tour des Dents du Midi, beinah hochalpin*

Das wäre denn schon das “pièce de résistance”! Eine Drei-Tage-Tour mit notwendig guter Ausrüstung sowie sportlicher Form. Aber ein Mitarbeiter hat es mit seinen acht- und zehnjährigen Kindern lässig geschafft. Doch vielleicht sollten Sie, wenn Sie aus dem Flachland kommen, zum Einlaufen vorher noch ein paar kleinere Touren machen, um Ihre Form aufzubauen. Vorbestellungen in den Berghütten sind insbesondere in den Sommermonaten zu empfehlen.

Noch höher gehts bei der "Tour um den Grand Combin". Einfacher dagegen zum Einstimmen der Weg vom Forclaz-Pass zum Trient-Gletscher, und wenn Sie wollen (oder können) bis hinauf zum Arpettes-Fenster.

24

Jetzt müssen wir schon langsam ans Weggehen denken.

Und wenn es mal länger regnet, könnte man ja etwas weiter weg vom See. Auch um den Abschied vorzubereiten. Da hätten wir zumindest drei Ziele zur Auswahl:

Bern

Sie mögen zu Recht fragen: Warum nach Bern? Das ist doch "deutsch"! Falsch. Bern ist auch welsch. Bern ist gleich Berne. Auf der Straße hört man laufend Französisch, Japanisch, Englisch. Bern ist für alle die interessanteste Kleinstadt der Welt!

Gegen "Kleinstadt" spricht natürlich, dass aus Bern kommen oder mit Bern zu tun haben: Albert Einstein und Paul Klee, Toblerone und Ovomaltine; Ursula Andress, Friedrich Dürrenmatt und der Emmentaler Käse. Sogar jener Dietrich von Bern, der schließlich dem blindwütigen Nibelungen-Gemeuchel und -Gemetzel ein Ende setzte. Der später dann, alten Berichten zufolge (aber das wollen wir hier doch lieber verschweigen), selber ziemlich pervers selbst die Frauen nach bester Schweizer Kriegstechnik so zerfledderte, "... dass Milch und Blut wischt auf das Gras".

Den heutigen Bernerinnen und Bernern sagt man aber inzwischen ein gemütliches, eher grüblerisches als aggressives Naturell nach und dass sie lange überlegend in ihrem schweren Dialekt eher untertreiben. Wenn der frühere

Stadtpräsident Tschäppät sagt "Bern ist die schönste Stadt Europas", und eine hier nicht benannte Bernerin anfügt, dass auch das "lädelen" (in primitivem Deutsch "einkaufen") hier ein anderswo nicht erreichbarer Genuss sei, dann haben wir das einfach ernst zu nehmen. Bern ist eben das genaue Gegenteil dieser langweiligen, Dutzende von Quadratmeilen bedeckenden modernen und ausufernden Städte, wo man sich nichts ahnend und sehend hinein verläuft und doch nur das Allerwelts-Hilton- oder Hyatt-Hotel, denselben Supermarkt sowie McDonald's-Schuppen und ein paar Bankhochhäuser findet.

Geschäftemacher gibt es in Bern sicher auch. Denn Geld muss reichlich in der Gegend lagern; das sieht man an der Zahl elegant gewandeter Damen und der gediegenen, den Luxus dezent andeutenden Dekoration der Geschäfte. Aber Reichtum wird hier verschämt verborgen. In Bern kommt mir immer der englische Spruch in den Sinn: "Richness cries – Wealth whispers".

Wie macht es Spaß, die Markt- und Gerechtigkeits- und Kramgasse unter den Lauben hinauf und hinunter zu schlendern und dann anzuhalten, nur zum Schauen oder auch Hineinzugehen in die Läden des Geigenbauers, des Briefmarken- oder Notenhändlers, des Pfeifen- oder Hutmachers und Fachmanns für Bauernschränke sowie alter Stadtpläne. Ich will ja nicht literarisch werden, aber möchte doch zumindest Walter Benjamins Theorie ganz kurz erwähnen, der nämlich meinte, dass man eigentlich nur unter Arkaden und unter Laubengängen richtig flanieren könne. Und diese wunderbaren Wege hier nennen sich nicht großartig Alleen oder Avenuen sondern ganz schlicht Gassen. Ein Wunder von Gassen, eingefasst von Lauben.

Es ist kaum glaublich, dass es selbst in der Stadtmitte immer noch zugänglich ein paar urige Quartierbeizen gibt. Natürlich hat auch ein Migros-Markt irgendwo unter und hinter den Arkaden seinen Platz gefunden; aber er tut das mit schön schweizerischem Anstand. Und offenbar hat sich die Stadt immer noch relativ erfolgreich wehren können gegen die gefräßige Invasion ephemerer Goldschmuckläden zweiter Wahl, die Fusselfetzen-Stände skandinavischer, in Hongkong schlecht verarbeiteter Teenie- und Girlie-Mode und das sich mit großartigen italienisch-aristokratisch klingenden Namen schmückende Designer-Outlet (z.B. "Gli Scarpe di Fulvia") mit Auslaufschuhmodellen aus Florenz oder Milano der vorletzten Saison.

Es liegt natürlich der Verdacht nahe, dass diese Stadt bei weitem über ihre Verhältnisse lebt. Aber das ist eben nicht so. Hier findet täglich das Wunder des exquisiten Schweizer Understatements statt! Dass man den Minister (Bundesrat hier) mit dem Fahrrad oder zumindest mit der Straßenbahn ins Büro fahren sieht und Ursula Andress' Schwester Blumen verkauft auf dem Wochenmarkt. Übrigens, kommen Sie doch am Samstag nach Bern, eben auf den Markt, da tragen die Frauen Tracht. Und ein besonderes Ereignis, das ist der "Zibelemärit" (Zwiebelmarkt), der findet jedes Jahr allerdings erst im November statt.

Natürlich gibt es hier viele Touristen und die bringen ihr schon fast kreatives Unvermögen mit, sich anständig anzuziehen und zu benehmen, aber selbst das scheint sich hier in Grenzen zu halten. Bern verträgt schlecht schlechtes Benehmen. Es ist nicht ein Ort greller Töne. Bern hat Klasse. Auch sind hier keine protzigen 5th-Avenue- oder Champs-Elysée-Allüren am Platz. Bern hat bei all seinem Niveau noch einen Schuss von bäurisch Solidem.

Was soll ich Ihnen noch über Bern sagen? Sie können natürlich zum Bärengraben gehen; das gehört offenbar dazu. So interessant ist das aber nicht. Doch er liegt am Weg und es schadet auch nicht, dort gewesen zu sein unter anderen frohlockenden Leuten bei bettelnden Bären, die so ganz kindisch zahm und unverwandt zu sein scheinen mit dem drohenden auf der Berner Fahne.

Interessanter ist die "Matte" drunten an der Aare. Das Viertel unter der Brücke, die zum Bärengraben führt, ins Berner "Bermudadreieck" zwischen Kornhausplatz, Schiffslaube und Klösterlistutz; dort, wohin sich Touristen schon kaum hintrauen. Bern als "Hafenstadt" ist dann gar nicht mehr so schick, obwohl sich dort leider auch schon erste Male einer oberflächlichen Schickeria abzeichnen. Dort könnten Sie unter Umständen Polo Hofer treffen, den bekanntesten Schweizer Rocker; und wie so vieles schlecht Erklärbare in der Schweiz ist das doch solid auf Anstand bedachte Bern gleichzeitig die Hauptstadt aufsässiger Musik (Rockbands "Patent Ochsner" und sogar "Züri West"). In diesem Viertel gibt es Beizen, in denen man sich fast wie in Marseille oder am Hamburger Hafen fühlen könnte. Aber von dort aus können Sie auch geruhsam die Aare gegen ihren Lauf hoch gegen den Dählhölzli-Tierpark und vorbei in die geruhsamere Elfenau wandern (oder warum nicht joggen). Nur um noch ganz kurz etwas Sportliches zu erwähnen: das Berner 10-Meilen-Rennen ist der schönste Stadtlauf der Welt.

Mir, dem in Sachen Architektur gar nicht besonders Bewanderten, bleibt nichts an Gebäuden bleibend im Gedächtnis, außer dem unübersehbar in die Straße stehenden Zeitglockenturm. Wenn man Pech hat, werden die Figuren uns ein paar lange Minuten warten lassen, bis sie ihren Tanz beginnen. Doch die Berner Innenstadt als Ganzes ist fantastisch, der schönste Flussbogen der Welt. Eine leise Kritik: Die Fassaden vieler Häuser sind doch etwas graustichig geworden und etwas Frische täte denen vielleicht gut. Da scheint mir der Hang zur unaufdringlichen Blässe fast etwas zu weit zu gehen.

Wie in Fribourg die Brücken und Türme, so sind in Bern für mich die Brunnen das Schönste. Elf sind es; meist aus der Renaissance, und ich überlasse es Ihnen, sie alle zu finden.

Jetzt zähle ich ihre Namen und den ungefähren Standort auf, von Osten nach Westen:

Der Läuferbrunnen (Nydeggstalden), der Gerechtigkeitsbrunnen (auch dort), der Vennerbrunnen (vorm Rathaus), der Mosesbrunnen (bei der Kathedrale), der Simonsbrunnen (auch dort in unmittelbarer Nähe), der Zähringerbrunnen (beim Zeitglockenturm), der Kindlifresserbrunnen (Kornhausplatz), der Schützenbrunnen (östlicher Eingang Marktgasse), der Anna-Seiler-Brunnen (am Käfigturm), der Pfeiferbrunnen (in der Spitalgasse), der Ryfflibrunnen (Aarberger Gasse) … und sicher habe ich sogar den einen oder den anderen vergessen.

Wenn Sie zu all diesen gekommen sind und sich dabei auch ein paarmal verlaufen haben, dann haben Sie wohl auch schon viel von der Stadt begriffen. Sie können es sich aber auch einfacher machen und an einer Stadtführung teilnehmen, die sich besonders um die Brunnen kümmert. Auch eine Reihe anderer spezifischer Rundgänge (Zeitglockenturm; Stadt plus Kleemuseum; Münsterfenster und Glasmalerei etc.) werden angeboten.

Man sagt, dass “die Berner Gastroszene zur Schmalspur neigt”, deshalb mache ich es mir nach ein paar wenig konklusiven Versuchen nicht mehr schwer: Ich gehe entweder ins Bahnhofsrestaurant, Jack's Brasserie im seriösen Schweizerhof (feudaler, aber erschwinglich!), jedoch am liebsten in eine der hier ungenannten Beizen in der Matte oder in den weitgewölbten hohen Kornhauskeller.

Um den Helvetiaplatz liegen mehrere erstaunliche Museen, insbesondere die Kunsthalle (leider mit überhöhten Eintrittspreisen). Wenn Sie diese Zeilen zu lesen bekommen, ist vielleicht Renzo Pianos Projekt eines Paul-Klee-Museums im Bremgartenwald schon zur Ausführung gelangt.

Das Berner Theater ist für außergewöhnliche Opern- und Theateraufführungen bekannt; von einer Qualität, die die eines "Provinztheaters" bei weitem übersteigt.

Auch deshalb kommt dies der Wahrheit vielleicht etwas näher: Bern ist wohl eine der kleinsten, aber interessantesten Großstädte der Welt.

Italien: Mailand

Um Himmelswillen, mögen Sie gleich ausrufen, das geht denn doch zu weit! Wirklich? Nach Mailand? Aber hören Sie erst mal zu.

Wenn Sie mit einem der Schnellzüge von Lausanne aus früh morgens zwischen 6 und 7 Uhr hin- und abends gegen 17 Uhr wieder zurückfahren, dann bleiben Ihnen sechs bis sieben Stunden, um in Milano das Geld auszugeben. Das ist die einfache, aber unter Umständen teure Rechnung.

Gleichzeitig beinhaltet das eine Sight-Seeing-Tour (mit extra Sonnenauf- und -untergang irgendwo zwischen

Waadt, Wallis, Piemont und Lombardei) durchs ganze Rhonetal mit Blick hinauf in die Rebhänge und dann zu den immer noch schneebedeckten Gipfeln. Dann kommt der tiefschwarze Simplontunnel, der gleißende Lago Maggiore und zur Abschwächung der Emotionen die graue Einfahrt zur Stazione Centrale vorbei an tristen Wohnblocks, mit Wäsche ausgehängt auf den Balkonen.

Mailand ist keine "schöne" Stadt. Dort geht man hin wegen des turbulenten Lebens um sich herum. Natürlich werden Sie vom mussolinisch-pompösen Bahnhofsgebäude hinuntergehen gegen die Scala und den Piazza del Duomo. Mir gefällt die Galeria Vittorio Emmanuele besser, das Borsalino Geschäft zum Beispiel, und auf dem Weg mache ich einen Abstecher in die Via della Spiga und Monte Napoleone. Zum Anschauen: An all den Nobelbutiken der Ferregamos, Ungaros, Guccis und Versaces vorbei. In diesen Räumen, die meist leer sind, bewegen sich ätherische, oft etwas ausgehungert aussehende weibliche Geschöpfe (wären das die Verkäuferinnen?) langsam und schwebend, wie unter Drogen stehend, zwischen sinnlos teuren, und man wundert sich doch, welchem Publikum zustehenden Waren. Ein italienischer Freund behauptet zwar, dass Milano die reichste Stadt der Welt sei und das Geld läge in Millionenhöhe (Euro nicht Lira!) hinter den grauen plumpen Fassaden in fantastisch eingerichteten Stadtappartements und Innenhöfen wie aus Tausendundeiner Nacht.

Elegante Menschen sieht man überall. Aber vielleicht verstehe ich das nicht richtig als schwerfälliger Deutscher? Vielleicht muss man Italiener und gar "milanesi" sein, um diese Welt von Mode, Luxus und Design zu verstehen. Hier ist es eben lebenswichtig, "bella figura" zu machen.

Ein Tailleur oder Complet ist nicht nur ein Kleidungsstück, sondern Lebensstil mit existentieller Bedeutung. Mode ist auch der tiefsinnige Ausdruck von Verführung und Bedrohung. Gehört zum Roulettespiel des Lebens. Versace's Firmenzeichen ist die Gongora-Medusa: "anziehend" schön und selbst tot noch "kleidsam". So wundert es kaum, dass Nicola Trussardi sein Auto an einen Mast rannte, Versace erschossen wurde und Mauricio Gucci ebenso, wahrscheinlich sogar auf Bestellung seiner Frau.

In keiner Stadt der Welt macht es so Spaß, vorbeigehende Menschen anzuschauen und das Gefühl, ja Gewissheit zu haben, dass fast jeder Zweite den Stoff hergeben könnte für eine neue Puccini-Oper in der "Scala".

Nun ja, ich kann da nicht mitreden und gönne mir einen Abstecher, irgendwohin mit der uralten Straßenbahn oder lasse mich mit dem Taxi in die Gegend der alten "Navigli" bringen, zu den Kanälen, die ins Hinterland führen, von wo aus die Nahrungsmittel in die hungrige Stadt getreidelt wurden.

Übrigens, meine Lieblingsadressen, sehr rustikal und einfach: in der Nähe vom Bahnhof "L' Osteria del Treno" und im Viertel der Kanäle "Le Vigne" oder "L' Osteria". Molto semplice.

Und Italien zum Zweiten; Venedig

Das mag sich nun doch zu abenteuerlich anhören und ich will auch nicht darauf bestehen. Von den Freuden im Schlafwagen zu reisen habe ich ja schon woanders berichtet. Und über Venedig sagt man entweder gar nichts oder man müsste es über Hunderte von Seiten tun …, die

Aquarelle von Turner anschauen ..., Ruskin nachlesen ... oder eben in Lausanne oder Vevey gegen 11 Uhr nachts in den Schlafwagen einsteigen und halbacht morgens in der Stazione Santa Lucia beziehungsweise einer ganz anderen Welt aufwachen ... und wie im Traum spazierengehen in einer Märchenstadt bis zum Abend. Und zurück im Schlaf.

Frankreich. Die Königliche Saline von Arc et Senans

Ich sage es lieber gleich: Das ist ein Weltwunder einer Architektur von Utopie und Wirklichkeit. Das eine hätte dem anderen helfen sollen und so beide gegenseitig mit Leben füllen. Vielleicht hatte man es am falschen Objekt versucht, denn das Salz war schließlich einer der besten Steuereintreiber des Ancien Régime. So ist leider aus der idealen Harmonie, sozialer Moral und sogar kollektivem Glück nichts geworden. Denn alles war eben nur ein Traum und der große Architekt Claude-Nicolas Ledoux täuschte sich genauso wie Le Corbusier mit seiner "Cité Radieuse".

Aber was soll's! Zumindest ein großartiger Raum ist uns geblieben mit den grandiosen Zeichen eines gescheiterten Bemühens. Und wenn Sie das nicht gesehen haben zusammen mit dem dort eingerichteten Ledoux-Museum des großen Magiers und Visionärs, dann ... ja, was? ... nun, dann haben Sie zumindest etwas Unerhörtes versäumt...

Es liegt in der Mitte der Franche Comté, zwischen Dôle und Besançon, und Sie erreichen es am besten vom See aus über Vallorbe und Pontarlier, mit einem zu empfehlenden Abstecher durch die hübsche, oft ebenfalls ver-

gessene Weingegend des Arbois. Das wäre eine Fahrt durch einen hochinteressanten, leider (oder Gott sei Dank) abgelegenen Teil der "France Profonde".

Jetzt sind wir auch am Ende *unserer* Reise um den Genfer See angekommen und ich mag keine langen Abschiede. Der ist hiermit also schon geschehen. Ein Gruß noch an Sie auch von Herrn Montaigne, der uns hier freundlicherweise eingeführt hat.

Und die nette Demoiselle wäre sicher froh, Sie noch einmal hier in der Romandie willkommen zu heißen.

Ortsregister

Kontakte

Schweiz Tourismus
Tel. 00800-100 200 30 (gratis), Fax 00800-100 200 31 (gratis)
info@switzerland.com www.myswitzerland.com

Vaud/Waadt
Tel. 0041-(0)21-6132626, Fax 0041-(0)21-6132600
info@genferseegebiet.ch www.genferseegebiet.ch

Lausanne Tourisme
Tel. 0041-(0)21-6137373, Fax 0041-(0)21-6168647
information@lausanne-tourisme.ch www.lausanne-tourisme.ch

Montreux-Vevey Tourisme
Tel. 0041-848868484, Fax 0041-(0)21-9628494
info@mvtourism.ch www.montreux-vevey.com

Genf Tourisme
Tel. 0041-(0)22-9097000, Fax 0041-(0)22-9097011
info@geneva-tourisme.ch www.geneve-tourisme.ch

Information Freiburgerland/Fribourg (CH)
Tel. 0041-(0)26-9159292, Fax. 0041-(0)26-9159299
info.tourisme@pays-de-fribourg.ch www.freiburgerland.ch

Neuenburg/Neuchâtel
Tel. 0041-(0)32-8896890, Fax. 0041-(0)32-8896296
tourisme.neuchatelois@ne.ch www.neuchateltourisme.ch

Wallis Tourismus
Tel. 0041-(0)27-3273570, Fax. 0041-(0)27-3273571
info@valaistourism.ch www.wallis.ch

Jura Tourisme
Tel. 0041-(0)32-9521952, Fax. 0041-(0)32-9521955
info@juratourisme.ch www.juratourisme.ch

Bern Tourismus
Tel. 0041-(0)31-3281212, Fax. 0041-(0)31-3281277
info-res@bernetourism.ch www.bernetourism.ch

Zum Lesen

Ausführlicher zitiert wurde aus:

Michel de Montaigne: “Tagebuch einer Badereise”,
Jacques Chessex: “Portrait des Vaudois” (“Leben und Tod im Waadtland”, augenblicklich leider nur in Französisch erhältlich, da die ebenfalls fantastische deutsche Übersetzung von Marcel Schwander vergriffen ist),
Urs Widmer: “Aus dem Leben der Eidgenossen” aus NZZ-FOLIO Oktober 1998.

Literatur aus und über die Schweiz,
sehr beliebig ausgewählt ist:

Adolf Muschg: “O mein Heimatland”,
Thomas Hürlimann: “Das Gartenhaus”,
Urs Widmer: “Schweizer Geschichten",
Jacques Chessex: "Der Kinderfresser”,
J. Altwegg: “Ach du liebe Schweiz. Essay zur Lage der Nation”,
Charles Ferdinand Ramuz: “Farinet oder Das falsche Geld” und “Der Bergsturz”,
Charles Albert Cingria: “Erinnerungen und Glossen. Dieses Land, das ein Tal ist”,
Jean Jacques Rousseau: “Julie oder die neue Heloise”,
Gustave Roud: “Das verstreute Paradies. Poetische Prosa”.

Zur spannenden Unterhaltung:

Friedrich Dürrenmatt: “Der Richter und sein Henker”,
Friedrich Glauser: “Wachtmeister Studer”

Und besonders lehrreich:

Alice Vollenweider und Hugo Loetscher: “Kulinaritäten”
Ein Briefwechsel über die Kunst und Kultur in der Küche.

Von weitgereisten welschen Autoren:

Nicolas Bouvier: “Die Erfahrung der Welt”,
Ella Maillart: “Turkestan Solo. Eine abenteuerliche Reise ins Ungewisse”,
Isabelle Eberhardt: “Sandmeere. Im heißen Schatten des Islam”.

Touristische Literatur:

In welschschweizer Buchhandlung finden Sie Führer vom “Guide Michelin” bis “Ferien auf dem Bauernhof”.

Besonders nützlich sind:

“Le Coup de Fourchette”, Restaurants vom Gastrotempel bis zur Pinte,
“Le Guide du Routard” (Schweiz), preiswerte Adressen,
Die “RegArt”-Agenda für Kulturelles, Theater, Ausstellungen etc.

Für Wanderer empfehlenswert sind die Landkarten aus der Reihe “Carte Nationale de Suisse” (1:25000).

Bildnachweis

Allgöwer, Otto 14-15, 34, 66, 76, 135, 166-167, 172, 217
Bezzola, Leonardo 208-209
Collection Nestlé (Imsand, Marcel) 197
Collection Nestlé (Mohr, Jean) 140-141, 254
Collection Nestlé (Prêtre, Philippe) 56, 179, 188, 192-193, 195
Collection Nestlé (Rausser, Fernand) 144-145, 174, 320
Collection Nestlé (Spycket, Jérôme) 42
Favez, Gilles 18, 97, 114, 118-119, 121, 292-293
Hotel Beau Rivage Palace, Lausanne 32, 86
Jazz Festival Montreux 263
Lausanne Tourisme 25
Lausanne Tourisme (Bertin, François) 131
Michellod, Dominique 80-81, 310
Montreux-Vevey Tourisme 20-21
Musee Gruérien Bulle (Prêtre, Philippe) 200-201
Nestlé 90, 95
Office de Tourisme Fribourg 206
Parmigiani Mesure et Art du Temps / Fleurier 276
Perren, Beat 230-231
Paul, André: Zeichnungen 107, 110
Publication "Montreux-Vevey" (Travesini, Dominique) 288
Publication "Ville de Lausanne" (Studer, Peter) 126
Rausser, Fernand 8, 53, 93, 104, 150, 152, 162, 212-213, 218, 220, 233, 252, 260, 266, 286
Ruppen, Oswald 228, 241, 296-297, 302
Sarto, Pietro: Umschlagsbild
Tourisme Neuchâtelois 242, 246-247
Yerly, Nicolas 278

Falls uns trotz intensiver Nachforschungen ein Reproduktionsrecht entgangen ist, bitten wir um eine Information.

Dank

Wir danken allen Fotografen, dem Maler Pietro Sarto und dem Zeichner André Paul, den Agenturen und den Verkehrsbüros von Vevey-Montreux, Lausanne, Vaud, Genève, Fribourg, Neuchâtel und Valais/Wallis (denen diese Publikation hoffentlich zugute kommt), sowie dem Hotel Beau Rivage Palace Lausanne und der Uhrenmanufaktur Parmigiani (die wir natürlich den verehrten Lesern sehr empfehlen) und dem Jazz Festival Montreux für die Mithilfe, um diese schöne Genfer See-Region ins beste Licht zu setzen.

Einen ganz besonderen Dank möchten wir auch Frau Marianne Corboz und Herrn Hans-Jörg Renk der Firma Nestlé aussprechen und schließlich Madeleine Morvan und Otto Allgöwer, ohne die dieses Buch nie zustande gekommen wäre.

Ganz herzlichen Dank auch an den Uhrmacher von Vevey, Herrn Lionel Meylan, und seiner Frau, der Wirtin der "Hôtellerie de Genève". Beide Geschäfte befinden sich am Marktplatz von Vevey und ihr Besuch ist sehr zu empfehlen.

Und last not least natürlich den fantastischen Freunden vom INFO Verlag.

Weitere Bücher des Autors

Kaspartheater

Roman ISBN 3-88190-208-2

Der Hauser-Mythos lebt. Eberhard Raetz erzählt in seinem ersten Roman die Geschichte zweier Menschen auf den Spuren von Kaspar Hauser, dem Kind Europas. Karl Hess, Archivar und Kenner der Hauser-Affäre, begleitet die junge Studentin Deborah Herzen auf ihrer Suche nach der Wahrheit in diesem "schönsten Krimi aller Zeiten" (Golo Mann). Je tiefer die beiden in die geheimnisvolle Geschichte eintauchen, desto weiter verstricken sie sich aber in ihrer Beziehung zueinander. Und bald vermutet man, dass hier der Weg wichtiger sein könnte als das Ziel, die kürzeste Verbindung zwischen Anfang und Ende keine Gerade ist und es für niemand eine einfache Lösung gibt.

"Ein gefühlvolles, mitreißendes Buch." (Pforzheimer Zeitung)

Endlins Flucht

Roman ISBN 3-88190-230-9

Warum hat Endlin, erfolgreicher Ingenieur, alle Brücken hinter sich abgebrochen? Ist es die Verweigerung, erstarrten Konventionen weiter zu folgen, die Unmöglichkeit auf ausgetretenen Pfaden stehen zu bleiben? Hatte er sich nur seinen Traum, die ideale Maschine zu konstruieren erfüllt, um endgültig zu fernen Inseln aufzubrechen? Sein junger Kollege und Nachfolger versucht, die Beweggründe der Flucht zu ergründen, die ihn über Frankreich, Spanien und Portugal bis nach Südamerika führen, hin zu jenen Orten, an denen sich Endlin angeblich aufgehalten haben soll. Auf dieser Reise erfährt er vieles über den Verschwundenen – und wohl nicht zuletzt auch über sich selbst.

"Ein ungewöhnlicher Roman um die Suche nach dem Sinn des Lebens oder wenigstens einem Teil davon." (Südwestpresse)